[日]松本健太郎 著

尹宁 译

人は悪魔に熱狂する

沙拉的谎言

洞察欲望的
行为经济学

中国原子能出版社 中国科学技术出版社

·北 京·

Original Japanese title: HITO WA AKUMA NI NEKKYO SURU Aku to Yokubo no
Kodokeizaigaku
Copyright © Kentaro Yamamoto 2020
Original Japanese edition published by Mainichi Shimbun Publishing Inc
Simplified Chinese translation rights arranged with Mainichi Shimbun Publishing Inc.
through The English Agency (Japan) Ltd. and Shanghai To-Asia Culture Co., Ltd.
Simplified Chinese translation copyright © 2023 by China Science and Technology Press
Co., Ltd and China Atomic Energy Publishing & Media Company Limited.
北京市版权局著作权合同登记 图字：01-2022-4516。

图书在版编目（CIP）数据

沙拉的谎言：洞察欲望的行为经济学 /（日）松本
健太郎著；尹宁译 . — 北京：中国原子能出版社：中
国科学技术出版社，2023.11
ISBN 978-7-5221-2938-9

Ⅰ . ①沙… Ⅱ . ①松… ②尹… Ⅲ . ①行为经济学
Ⅳ . ① F069.9

中国国家版本馆 CIP 数据核字（2023）第 155745 号

策划编辑	赵 嵘	文字编辑	邢萌萌
责任编辑	付 凯	版式设计	蚂蚁设计
封面设计	仙境设计	责任印制	赵 明 李晓霖
责任校对	冯莲凤 邓雪梅		

出 版	中国原子能出版社 中国科学技术出版社
发 行	中国原子能出版社 中国科学技术出版社有限公司发行部
地 址	北京市海淀区中关村南大街 16 号
邮 编	100081
发行电话	010-62173865
传 真	010-62173081
网 址	http://www.cspbooks.com.cn

开 本	880mm×1230mm 1/32
字 数	168 千字
印 张	8.5
版 次	2023 年 11 月第 1 版
印 次	2023 年 11 月第 1 次印刷
印 刷	北京华联印刷有限公司
书 号	ISBN 978-7-5221-2938-9
定 价	69.00 元

目　录

绪论
**畅销商品不
为人知的邪
恶面** / 001

不要被美丽的谎言欺骗 / 003

第 1 章
**人是贪婪的
个体** / 015

寓言故事 1：《开花爷爷》 / 017

想再来一点儿 / 020

受欢迎的商品都是从不满中诞生的 / 031

"尊重需求"使人疯狂 / 043

第 2 章
**愤怒可以激
发人的行动**
/ 057

寓言故事 2：《咔嚓咔嚓山》 / 059

让大人们狂躁不安的"恶魔少女" / 062

为"错误审判"而疯狂的人们 / 073

终极流行语——"男女有别" / 087

第 3 章
**人是懒惰的
生物** / 099

寓言故事 3：《龟兔赛跑》 / 101

因听到真心话而欢呼雀跃的人们 / 104

人性的黑暗面——"想偷懒" / 115

"人渣"为什么会备受喜爱 / 126

第 4 章
语言会骗人
/ 141

寓言故事 4：《浦岛太郎》 / 143

为什么美好的东西卖不出去 / 146

带有煽动性的抱怨为什么极具杀伤力 / 158

新技术遭到了质疑 / 167

第 5 章
谎言比真相
更善于乔装
打扮 / 181

寓言故事 5：《弃母山》 / 183

什么样的人更了解概率 / 186

权威认定手法之排名 / 201

人们只愿意相信自己想相信的东西 / 211

第 6 章
人生本就充
满了矛盾
/ 221

寓言故事 6：《戴斗笠的地藏菩萨》 / 223

寻找客观与主观切入点 / 226

喜欢通过列举数字找借口 / 238

"金钱和生命"始终在天平的两侧 / 254

结语 / 261

参考文献 / 265

畅销商品不为人知的邪恶面

不要被美丽的谎言欺骗

麦乐沙拉为什么卖不出去

2006 年 5 月，日本麦当劳推出了他们的新产品——麦乐沙拉。当时的官方宣称："麦当劳基于营养美味、健康生活的新理念，精选 5 种健康果蔬特制而成的麦乐沙拉，将在 2006 年 5 月 13 日（星期六）上市，并在全日本统售。"

据说，麦当劳新产品麦乐沙拉的推出源自顾客需求的问卷调查。新品研发人员正是采纳了这类"想吃健康美味的沙拉""因为麦当劳只卖垃圾食品，所以从不去麦当劳"的消费者的意见，于是将健康饮食的理念贯彻到底，因此开发了具有麦当劳特色的"麦乐沙拉"。然而，麦乐沙拉并没有取得预想中的成功，最终不得已草草下架。

说想吃沙拉的明明就是顾客。那么，这些顾客为什么不来购买呢？数据是真实的，但未必是真理。如果看不透数据的真相，数据就会变得分文不值。

笔者作为一名数据科学研究者，曾多次参与具体数据的分析工作。笔者也曾被某些数据的表面现象所欺骗，有时不得不推翻原有结论从头再来，甚至被客户训斥。每次遇到这种情况，感觉自己的心都在滴血。

经过几次惨痛的教训后，笔者开始明白，数据是具有欺骗性的，盲目相信数据只会让自己陷入被动境地。特别是在统计以人为调查对象的数据时，更要慎重地读取隐藏在数据背后的意义。被调查者只要有一丁点儿想要体面地回答问题的念头，即使他无心欺骗你，也会撒下美丽的谎言。

面对这种由谎言构成的、具有迷惑性的数据时，除了要紧扣定义，还要有准确的测量方法。当然，单纯识别数据的真伪就需要花费大量时间，而看破数据真伪不仅需要数据鉴定者的努力，更需要数据鉴定者的灵感，可以说这是一项异常艰难的工作。

"背德感"是大获成功的关键

事实上，我们看到的绝大多数数据都是不完整的，这些数据只能勉强表达事实、现象、事物、过程、想法的某一方面，而我们在面对这样的数据时，极有可能误入歧途。因此，具备洞察力十分重要。

一名合格的数据科学研究者的推论过程一般是这样的：先细致入微地观察具体事物，接着透过复杂的表象敏锐地抓住事物本质，并借助推理补齐数据中的缺失部分，进而通过假说反面验证，直至得到正确的论断。

让我们再思考一下之前提到的问题吧，麦乐沙拉为什么卖不出去？虽然顾客说"想吃健康美味的沙拉"，但这很有可能只是一个美丽的谎言，作为商家必须能够敏锐地察觉到这点。

比如，我们可以如下文描述的那样，做一个简单的推断。

> "大家虽然嘴上说着想吃健康食品，想吃沙拉，但这是他们的真实想法吗？"
>
> "想吃对身体健康的食物，想过健康的生活，像这种单调枯燥的、老年人才有的想法，20多岁的年轻人真的会这样想吗？"

能够这样洞察数据的人，他所关注的，已不单单是数据本身了，而是能察觉到数据源头的人性。当然，肯定也有顾客真心认为"健康的食物才是最好的"。但是，只要我们稍微留心一下人性，就会发现大多数的人只不过是附和健康生活方式的潮流，吐露的并不是自己真实的心声，而只是说些漂亮话罢了。

即使不太健康，还是想美滋滋地大口咀嚼肉厚多汁的汉堡包，这才是顾客们的真实想法啊！只有能明白这一点的商家，才能推出真正受欢迎的产品。

继麦乐沙拉上架失败后不久，日本麦当劳又在2008年推出了新品——足尊牛肉堡。足尊牛肉堡是指使用了 0.25 磅（约 0.11 千克）纯肉馅制作的汉堡，足有普通汉堡的两倍大。

虽然不知道顾客有没有高兴到欢呼雀跃："对，对！就是这个，这才是我想吃的！"但从销售结果来看，足尊牛肉堡大受欢迎。这也从侧面证明了"想吃沙拉"只不过是顾客撒下的一个美丽谎言。

从此以后，麦当劳走向了"看似不健康食品"的研发之路。2016 年，麦当劳推出了比普通巨无霸汉堡大 1~3 倍的超级巨无霸汉堡，之后，又推出了比普通巨无霸汉堡大 2~8 倍的巨型巨无霸汉堡。

彼时，担任日本麦当劳首席营销官（CMO）一职的足立光，在他的著作《烈性药般的工作技巧》一书中写道："麦当劳真正的过人之处，就是让你时常想去贪婪地品尝独特的美食，即使知道这些食物并不健康，还是忍不住想大快朵颐。"

人性本就是"不合理"的

如果只考虑食物的营养性，大家肯定知道，吃足尊牛肉堡或超级巨无霸汉堡这样高热量的食品，肯定没有吃清淡营养的健康食品好。既然如此，那为什么我们还会时不时地想去麦当劳饱餐一顿呢？

答案很简单。因为人本来就不是完全理性的。换言之，人会根据不同的现实情况，改变自己心中对合理性的定义，甚至会出现虽然自己认为理所应当的，但在其他人看来却是无稽之谈的事。平时一直把健康放在首位的人，也会偶尔去吃肉厚多汁的麦当劳汉堡。这是因为人在肚子饿的时候，比起清淡的饮食，更想吃美味的食物。暑假马上就要结束了，作业还拖着迟迟不肯动笔，是因为人骨子里就带有贪图享受、不愿吃苦的惰性；手术后遗症的概率明明只有不到1%，却还是对是否做手术犹豫不决，是因为在考虑万一遭遇不测该怎么办；不假思索地将在做兼职的店里拍摄到的滑稽事上传到社交网络平台，是因为从来没有想过自己这么小的一个举动，会在网络上引起轩然大波。

选择了在理性思考的基础上不会选择的选项，就是出现了决策偏差。去麦当劳大快朵颐的人，都是怀揣着"明知食物不健康，但拒绝不了美味诱惑"的罪恶感，享受着一时的放纵。

话虽如此，出现决策偏差并不等同于不正确。我们可以把决策偏差这种现象理解为人在做决策时的一种习惯，也可以说是一种虽然在外人看来不怎么合理，但在本人眼里却再合适不过的选择倾向。

行为经济学就是这样一门通过对人的行为进行分析，来解释与预判经济决策的学科。从解释看似不合理的人类心理活动的方面来看，行为经济学也可以被认为是心理学与经济学

（ psychology and economics ）的交叉学科。

传统的经济学被认为是一门在经过深思熟虑、谋求自身利益最大化的基础上，利用超高水平的计算能力，全面分析所有信息，从而得出最佳决策的学科。当然，经济学的确有这样的一面，但事实上，超过半数的决策都是在不假思索中，甚至是在紧急的状态下，运用不太高水平的计算能力做出的决策。这一过程没来得及分析多少有用的信息，并且是在阴差阳错中完成的。换言之，行为经济学是一门着眼于合理决策临界点的学科。

在当事人看来虽然不是最好的选择，但也是个不错的选择了，而从旁观者看来，这很有可能是个最差的选择。但这并不意味着当事人是愚蠢的，从行为经济学的角度来看，行为偏差就是人在做决策时出现这样或那样不合理的地方，是非常正常的。

我们不是在讨论哪个决策好、哪个决策坏的问题，也不是想通过思想沟通或是通过惩戒来解决掉行为偏差。人，本就是这样复杂多变的生物。笔者是这样的，正在阅读本书的诸位读者，想必也是同样的。

在此前提下，策略设计者可以利用巧妙的策略，帮助对象达成某一特定的、高效的选择，这一过程被称为"助推"（ nudge ）。整个过程就像是"用胳膊肘轻推一下"或"稍微启发一下"那样，就能显著改变人类日常的行为决策。

只关注合理性仅能看见 50% 的人性

麦当劳真正吸引消费者的地方，正是它推出的带有背德感的产品，而真正能洞察到这一点的人，恐怕并不多。这么说是因为大部分生意人认为顾客只会选择对自己来说有益的事物（好的事物）。

毫无疑问，对人们来说身体健康是首位的。因此，顾客肯定会选择对自己健康有益的食物。这是因为人是具有理性的生物，选择不健康的食物是让人无法想象的。只要商家的头脑中有一丁点儿这样的想法，就不可能开发出具有背德感的产品。

人的本性是追求善（如健康）的，这样说也不是没有道理。然而，正如前文和大家分享的，人性也是复杂的。人的内心中不仅蕴藏着善的一面，也潜伏着即使知道垃圾食品不利于身体健康，也想贪婪地大口咀嚼美食的恶的一面。

从某种意义上讲，即使选择的是恶，可能在当事人的脑海中，也认为这是最正确的选择。事实上，人类总是无法摆脱"想享乐""想喝酒""讨厌那个家伙""嫉妒那个人"等诸如此类的消极思想，这些消极思想用一个含义更广的词来概括就是"烦恼"，正所谓烦恼乃人生常态。

对于我们普通人来讲，把一切"烦恼"都当成"罪恶"，消灭所有的烦恼，是不可能实现的。换言之，人正因为自身并不完美，存在各种各样的"恶"，反而才更具有魅力和吸引力，甚至有时也会让人为之狂热。

例如，艺人出川哲朗❶、蛭子能收❷就曾狂热地宣言，像漫画《乌龙派出所》中的人物两津勘吉那样，憨憨傻傻又不失纯真的角色，才是真正值得我们喜爱的角色。落语❸中的八郎与太郎也是同样类型的角色，他们身上应该都带有痴与慢这类的"恶"吧。

除了让人感觉亲切的"恶"，还有能触及我们心灵深处，动摇我们价值观的"恶"。在电影《赌博默示录》里，饰演笨蛋角色的藤原龙也在一天的地下收容所的执勤工作结束后，一边咕嘟咕嘟地喝着冰镇啤酒，一边呐喊："酒真是魔鬼啊"的画面，我想至今大家都对这一幕印象深刻吧。

从理论上讲，美味的食物 = 好的事物 = 善，藤原龙也呐喊的应该是酒真是天使啊。但这样的呐喊，根本不能把冰镇啤酒的美味传达出来。比起"天使"，"恶魔"的表达也许更俗气，更充满欲望，也更堕落，但我总觉得，这样的表达方式更具有魅力。所谓的贪欲不也正是如此吗？

事实上，烦恼才是真正能够撼动人心的东西。对于普通

---

❶ 日本男性搞笑艺人、演员。——译者注
❷ 日本演员、导演。——译者注
❸ 日本的一种传统曲艺，与中国的传统单口相声相似。——译者注

人来讲，烦恼越多，越容易动摇内心的观念。这样想来，能够狂热地煽动他人去行动的，相比起"善"的因素，"恶"与"烦恼"的因素更为重要。

人有"二心"，一个是充满贪嗔痴慢疑的"烦恼心"，另一个是为了克服烦恼而产生的"修行心"。所有人都是在这两种心境中反复横跳，与烦恼和艰辛共生。如果看不透这样的人性本质，只在"善一定能战胜恶""应该尽量避免恶"这样狭隘的框架内看待世界的话，无论你掌握了多少数据分析的理论，也不可能看破数据背后的谎言，更不可能洞察到背德感才是使产品大受欢迎的关键。

畅销商品不为人知的邪恶面

当然，我在本书中提到的"恶"，并不是指违反法律道德的事，而是指那些被定义为烦恼的事，如希望获得别人的承认的"认可需求"，如对某人的愤怒或是急躁不安，如拥有认为自己高高在上的傲慢姿态，或是一根筋似的愚蠢固执。我在本书中所提到的"恶"，仅指以烦恼为代表的人类黑暗面。

因为人类烦恼的数量庞大且种类繁多，所以去除烦恼的修行是一项极为复杂的工程。换个角度考虑，就会发现完全"善"的人和事物是不存在的。只有那些从心底里认可"恶也是构成完整人性的一部分"的企业家，才能发现拓宽新市场或是研发新产品的契机。事实上，越是成功的企业家，越是关注人类的烦恼。生产成人纸尿裤的安托（Attento）公司在2003年拍摄的一则广告，可以说是关注顾客烦恼的代表作。

整个故事从照顾瘫痪父亲的女儿的视角展开，女儿不由得回想起自己参加运动会时，父亲特意赶来加油的场景。过去，父亲曾在运动会上为努力参赛的女儿摇旗呐喊着："加油！加油！"而如今，躺在床上动弹不得的父亲，却一直不停地对女儿说："不要为了我这么拼命。"女儿说听了父亲的话，终于意识到了自己已经疲惫不堪，在女儿回过神的同时，屏幕上出现了一行这样的解说词："看护生活，能不能轻松一点？"这就是整个故事的脉络。

有过看护经历的人，也许更能明白这则广告的含义。承担着长时间照顾父母重任的儿女，在他们心中，不仅会有善心——"轮到我报答父母的养育之恩了，我要竭尽所能"，也会有罪恶心的萌芽——"这种情况什么时候到头呀""我的人生都被父母拖累了"。

当然，这种罪恶心，光是有这样的想法本身，都是不被社会伦理道德所允许的。但是，如果只允许人的内心存在100%的善，强迫人们抑制住所有恶，有时甚至会导致悲惨的事情发生。为了使事态不至发展到这种地步，适当地偷偷懒，承认自己内心中的恶，更有利于对父母的看护。

拼命努力确实是一件好事。但是，如果努力过了头，反而达不到既定的目标，就没有任何意义了。认可自己内心深处的善与恶，才是最关键的。

在安托公司广告的前半部分，似乎一直在描绘人们心目中的善，最后借助父亲之口提议儿女想要轻松一点地看护，仿佛在善的菜肴中，加入了一点恶的调味剂。这则广告巧妙地找到了善与恶之间的平衡点，使安托成人纸尿裤畅销一时，在历经了15年之后，它仍被视为是广告界的经典之作。

安托公司的例子只是众多成功案例中的一例。我们分析了当前流行的商品及生活必需品之后发现，它们的功能大都指向了人性中某一恶的方面。

作为一名数据分析师，我经常从事市场领域的调研工作，最近，经常有客户向我咨询："运用人工智能和大数据能不能开发出受欢迎的产品？"

每当这个时候，我都会回答："通过观察人性中的黑暗面，'这个产品致力于解决人们的某个烦恼，应该会大受欢迎吧'，这样的设想比研究大数据，开发出大获成功的产品的概率要更大。"

本书意欲通过人类的六项根本烦恼，即"贪"（欲望）、"嗔"（愤怒）、"痴"（愚痴）、"慢"（傲慢）、"疑"（怀疑）、"不正见"（偏见），来分析世间"大获成功的商品"或"流行的趋势"是如何产生的，并且想通过数据分析以及认知心理学和行为经济学的理论，弄清楚决策偏差到底会在什么情况下出现。

不只在商业领域，在诸位今后将要面临的各种场景中，如果能够掌握一些这样的知识或获得洞察力，就一定会对人生大有裨益。

当然，想要具备一定的洞察力，不仅需要掌握各种理论知识，还需要有深入思考问题的能力，以及必要的人生阅历的积累，本书不可能将以上要素一一罗列清楚。但是，笔者希望通过提供给大家一些工具或是框架，帮助大家了解洞察力的本质，从而为大家提供一个看待人生的新视角，使各位读者正确看待人性中的善与恶。

第 1 章

人是贪婪的个体

寓言故事 1：《开花爷爷》

很久很久以前，在某山脚下，住着一对心地善良的老夫妇和一对贪婪邪恶的老夫妇。

一日，善良的老夫妇饲养的小狗一边狂吠，一边用爪子挖地，好像在说："挖这里。"善良的老夫妇感到很奇怪，用铁锹挖开一看，从地里哗啦啦地冒出来好多金币。这对老夫妇高兴极了，还把金币分给了左邻右舍。

那对贪婪的老夫妇听说了这个消息后，十分嫉妒，便从善良的老夫妇那儿强行将小狗抢了过来，带着小狗四处挖宝去了。结果，贪婪的老夫妇在小狗叫过的地方，根本没有挖到他们心心念念的金银财宝，挖到的尽是些破铜烂铁。贪婪老夫妇因此迁怒于小狗，把小狗打死了。

一直将小狗当作自己的孩子般疼爱的善良的老夫妇，听说了这个消息后十分伤心。他们从贪婪的老夫妇处带回了小狗的尸体，把它埋葬在自家的庭院里，并在坟上种了一株小树。

　　小树很快就长成了一棵参天大树。某夜，小狗现身于善良的老夫妇的梦中，嘱咐他们用树做一个白。善良的老夫妇遵照小狗的指示，做了一个白，并用白来制作年糕。这个白宛如聚宝盆一般，每次制作年糕时，都会涌现出财宝。

　　贪婪的老夫妇听说后，故技重施，又将白强抢了过来。但白涌出给贪婪的老夫妇的不是财宝，而是污秽不堪的垃圾。贪婪的老夫妇非常生气，一怒之下，用斧头把白劈碎，当作柴火烧了。善良的老夫妇将灰烬收集起来，打算把它们撒到自家的田地里。在回家路上，突然刮来一阵风，把灰烬吹散了。

　　令人意想不到的是，沾上灰烬的枯木瞬间绽放出了美丽的花朵。善良的老夫妇十分欣喜，于是把灰烬撒到其他枯树上，瞬间片片樱花盛开，呈现出前所未有的美景。将军殿下听说后，特意前来欣赏樱花。看到漫山遍野樱花的将军非常高兴，便赐予了善良的老夫妇许多恩赏。

　　贪婪的老夫妇恶性不改，效仿善良的老夫妇到处播散灰烬，不仅没有使一棵枯树开花，反而误将灰烬撒到了将军的眼睛里，将军大为恼火，狠狠地惩罚了他们。

这就是惩恶扬善的寓言故事《开花爷爷》。

请大家再细细品味一下这则寓言故事，大家是不是纷纷称赞善良的老夫妇，而鄙夷贪婪、邪恶的老夫妇呢？如果这是发生在现在的故事，那在社交软件上会引发强烈的谴责吧。

把别人的狗杀死，把借来的臼烧成灰烬，确实是十分恶劣的行为，不值得同情。然而，我们换个角度思考一下，如果暂且不论他们那些罪恶的行为，贪婪的老夫妇那善于模仿成功人士，并迅速展开行动的事迹，放在当今社会来看，都是值得肯定和称赞的吧。

那么，为什么会出现两种截然不同的价值判断呢？关键就在于我们如何看待人性中的贪婪。想要获得财宝，想要得到将军的认可，说到底，都是人性的贪婪。然而，贪婪真是一件坏事吗？

想再来一点儿

自助餐这种餐饮模式为什么能够经久不衰

喜欢的食物可以尽情地吃，可以不限次数地吃，自助餐这样的餐饮模式可以说就是一种"行走的欲望"。

其实，日本自助餐的历史并不算长，最早可以追溯到1958年8月，东京帝国酒店在它的第二新馆里提供"帝国海盗餐"。据说，当时东京帝国酒店的社长犬丸，一直想寻找一种能够成为新馆核心的特色餐饮模式。一次在丹麦旅行时，他被北欧风格的冷餐会❶"瑞士自助"深深地吸引。

从未见过的自助餐形式，给犬丸社长留下了深刻的印象，他当即决定将这种餐饮模式引入日本。但如果照搬"瑞士自助餐"这种日本人根本不熟悉的代名词，一定吸引不了很多人。于是，犬丸社长开始在公司内部为自助餐征集新的代名词。公司的员工们纷纷表示："一提起北欧，首先让人联想到的就是

---

❶ 非正式的西式宴会，提供的食物以冷食为主，就餐者可以随意在用餐时自行选择食物、饮料，或立或坐，自由地与他人在一起，或是独自一人用餐。——译者注

海盗。"再加上当时正在热映的电影《海盗》中，海盗们大口吃肉大碗喝酒的画面，给员工们留下了深刻的印象，所以这个看似简单直接的名字，就成了日式自助餐的代名词。

当时刚毕业的大学生年薪只有 12800 日元，而"帝国海盗餐"仅午餐就需要花费 1200 日元，晚餐更贵，需要花费 1600 日元，可以说是贵族餐厅。即便如此，"帝国海盗餐"使东京帝国酒店在开业后场场爆满，自助餐的餐饮模式也被传播到日本各地。这就是日本自助餐由"海盗餐"发展而来的历史。

自助餐除了"海盗餐"的形式，还有好多种形式。由就餐者自行选择食物的冷餐会，也在像东京帝国酒店这样的酒店，或是甜品自助的餐厅中十分常见。

除上文提到的自主获取食物的自助模式外，还有现点现做的自助模式，像烤肉店"烤肉王"、横滨中华街的中餐厅"皇朝"，都是这样的模式。最近连肯德基这样的快餐连锁店，也在部分门店试行了现点现做的自助模式。

自助餐一直备受欢迎的一个重要原因，就是顾客可以在一直吃喜爱的食物中获得足够的满足感。

美国的心理学家亚伯拉罕·哈罗德·马斯洛（Abraham Harold Maslow）认为每个人都是朝着自我实现的道路而不断努力的，因此他把人类的基本需要分为如下五个层次（图 1-1）。

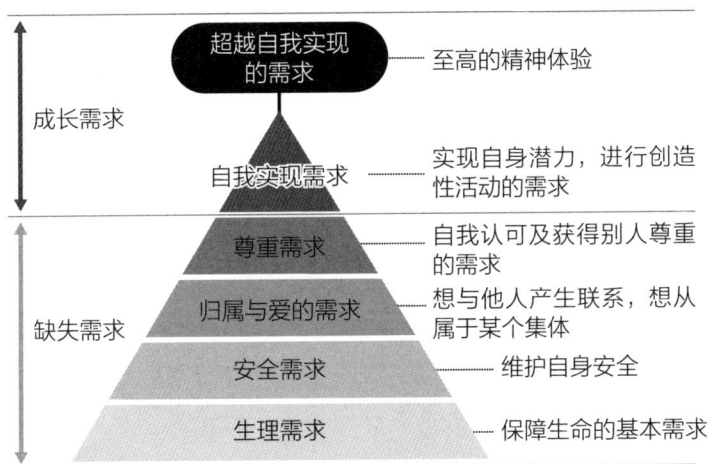

图 1-1　马斯洛的需求层次理论

需求层次理论中最底层的是生理需求（Physiological needs）。从马斯洛的理论来看，食欲是生理需求的一种，即食欲是人类最低层次的需求。当然，这并不是什么坏事，只有人类最基本的需求食欲得到满足之后，才可能去追逐自我实现的高层次需求。事实上，笔者也会偶尔打着"自我奖励"的旗号，去自助餐厅大快朵颐。在自助餐厅里，四处洋溢着温和、轻松的氛围，一想到可以尽情地享用自己喜欢的食物，笔者就觉得十分幸福。望向周边的食客，大家也是一脸幸福。这么说来，笔者还从未在自助餐厅里见过满脸愁容的顾客呢。

为什么一来吃自助餐，大家都会感到幸福呢？这应该是受到了心理反应中的"情绪一致性效应"（mood congruency effect）的影响。在食欲得到满足后，顾客才会自然而然地流露出幸福的表情吧。

情绪一致性效应

含义	它指当人们处于某种情绪状态时，更倾向于选择和加工与该情绪状态相一致的信息，或是更容易唤起与该情绪状态相一致的记忆。人在积极的情绪状态下，对物品和事件的积极印象会更多。人在消极的情绪状态下，则更容易对事物产生消极的评价。
具体事例	当你心情烦躁地走在马路上，突然看到一辆外地车牌的汽车，在日本政府已宣布进入紧急状态的情况下还驶了进来时，你一定会忍不住地怒斥车主："你怎么没点自知之明呢！"与此相反，当你心情好时，即使看见被禁止营业的店铺还在营业，也会会心一笑，甚至会进店买东西。这一现象在心灵感应领域，也被叫作"吸引力法则"。

然而，在笔者的家乡大阪，自助餐厅的氛围却截然不同。在大阪新阪急酒店里，有关西地区最高级的自助餐厅"奥林匹亚"，每当该餐厅开始营业时，在门口排队等候的顾客，宛如即将奔赴战场的战士一般蓄势待发。

因为大部分人吃自助餐都抱着一种一定要吃回本的心理，

所以在自助餐厅里，常常可以见到这样的光景：母亲宛如一名总指挥官，指挥父亲去拿烤牛肉，指挥儿子去拿寿司，指挥女儿去拿鹅肝，俨然一副作战场景，看似玩闹的场景却在现实生活中真实发生。

到了餐厅的营业时间，顾客们在服务员的引导下找到自己的座位后，宛如恶魔狩猎般飞奔向自己看中的食物。这种状态从顾客落座一直持续到离开，说实话，看到这样的场景，笔者都感觉有些害怕。但在大阪，人们早已对此习以为常了。

人们为什么会觉得自己可以吃回本

如果是普通的就餐形式，没有人会考虑吃回本的问题，因为饭菜的量是固定的。即使是免费提供的水，或不限量供应的红生姜，也没有人会想着多吃点好回本吧。然而，在高级寿司自助店或是自助烤肉店里，想吃回本的人就多了。高档自助餐为何反而能让人变成"贪婪的魔鬼"呢？

真正的原因应该是，人们从"使劲吃就可以回本"的假说中反推出"不吃够的话，一定会赔本"的论断。当然，这并不是说关西人小气，而是人人都有"尽量避免损失"的本能。这一心理也被称为"损失规避"（loss aversion）。

损失规避

含义 | 它指人们面对同样数量的收益和损失时，认为损失更加令他们难以接受。人本身就是更倾向于规避损失的生物。在行为经济学的理论中，损失规避假设是展望理论的基本构成要素之一。

具体事例 | 分别进行两组实验，第 1 组实验：

A.100% 的概率得到 10000 日元。

B.有 50% 的概率得到 20000 日元，也有 50% 的概率得不到一分钱。

此实验中，多数被试者选择了 A，少数被试者选择了更具风险性的 B。

第 2 组实验：

C.100% 的概率损失 10000 日元。

D.50% 的概率损失 20000 日元，还有 50% 的概率一分钱也不损失。

将收益换为损失后，结果就截然不同了，多数被试者选择了 D。要么是得到 10000 日元，要么是损失 10000 日元，从实验结果来看，得到 10000 日元带来的喜悦感与损失 10000 日元带来的悲伤感，还是不可相提并论的。人们还是会竭尽所能地规避损失。

在证券交易市场中抉择股票卖出时机时，人们也面临着相似的情况。人们往往在股价下跌时不愿意卖出股票，那是因为他们还幻想着股价能够涨上去，结果反而遭受了更大的损失。

沉没成本误区（sunk cost fallacy）

含义

即使中途撤回投资或中止计划，也会有一些已经不可挽回的支出，我们把这些已经发生且不可收回的支出，如时间、金钱、精力等称为"沉没成本"。沉没成本误区是指因为害怕迄今为止的投入打了水漂儿，因此继续朝错误的方向前进，从而造成更大的亏损。

具体事例

在现实生活中，一场电影刚开场10分钟，就令观影者感到无聊，但多数人还是会坚持看完。就是因为考虑到自己已经花了1900日元的电影票钱，如果只看10分钟，连成本都捞不回来，所以就坚持把剩下的110分钟看完了。在这个例子中，1900日元和10分钟已经是不可挽回的沉没成本了。在这种情况下，更加合理的决断方式应该是比较电影变得有趣的概率大，还是剩下的110分钟能够有效利用的概率大，然而在现实情境中，大部分人还是会因为不愿意损失沉没成本而做出不合理的决断。

假设自助餐的餐费为 500 日元，想要吃回本的人面临着两种选择：

A. 吃不完价值 500 日元的食物（遭受损失）。

B. 吃完价值 500 日元的食物（没有损失）。

如果只考虑这两个因素，就能够明白为什么人们会在自助餐厅里拼命吃了。然而真相却是，500 日元已经是事先支出的、不可能再收回来的沉没成本了。无论你是拼命狂吃，还是不吃，都不会影响金钱上的损失分毫。

人们为什么对"吃八分饱"丝毫不感兴趣

那些来吃自助餐的顾客仿佛受到了恶魔的蛊惑，他们抱着必须吃回本的信念，一个劲儿地拿像烤牛肉这样看起来价格昂贵的食物，吃起来也全然不顾礼节。还有一些顾客本就了解"损失规避"和"沉没成本误区"等理论，知道吃回本是不可能的，于是对身边大吃特吃的顾客冷眼旁观。在他们的观念中吃自助餐就是为了享受丰富的菜品，所以每一种食物都要少取一点，只吃一种食物很快就会吃饱了。

在这里，我们需要提到的一个新名词"感官特异性饱腹感"（sensory-specific satiety），它是指我们一直吃同一种食物时会产生饱腹的感觉。如果一直吃同一种食物，大脑就会发出"吃饱了"的信号，我们就会产生饱腹感。这时候如果换一种其他口味的食物来吃，就会继续刺激我们的食欲，而让我们产生空腹感。这就是我们平常所说的"甜点是装在另一个胃里的"。我们所感觉到的饱腹感，其实只是大脑发出了吃饱的信号，如果换一种其他口味的食物来吃，我们还可以继续吃下去。

自助餐因为品种繁多，不易让人产生感官特异性饱腹感，从而导致有些人明明吃饱了，还是忍不住一个劲儿地吃，最终吃坏了身体。仿佛他们都受到了"必须吃回本"的蛊惑，从而深受其害。

"难得有一个享受美食的机会，如果因为一直惦记着吃回本儿而吃坏了身体，那就得不偿失了"，这也不无道理。但是，明明去吃自助餐，却要人节制食量，故意吃个八分饱，这样的要求简直是站着说话不腰疼。笔者作为一名资深食客，特别反感这样的说教。光靠些"漂亮话"是无法洞悉人性的。正视我们内心深处的欲望，才能打开心扉。

很多人会在工作受挫后跑去大吃一顿，这也是解压的方法之一。正如前文中"情绪一致性效应"所描述的那样，来吃自助餐的顾客往往都是一脸幸福的模样。这也说明吃饱喝足这件事，本身就能给人带来幸福感，还可以消解压力。也就是说，吃东西的作用，往往不止一个。如果只从维持基本生命活动，或是从构建健康文明的生活方式角度考虑吃，那另外50%有关恶的部分就被忽略了。

📖 使吉野家重生的"魔鬼菜单"

一位网友曾在推特（Twitter）上发言："平均 0.4 千克的食物，就可以填满一个人的肚子。"他的这一观点引发了网络热议。

"Ikinari Steak"牛排店的经典厚切牛排是 0.3 千克，"CoCo 壹番屋"的一份咖喱饭（中份）也是 0.3 千克，再加上米饭、浓羹汤或是其他配菜，构成单人套餐，在 0.35~0.4 千克。像吉野家的中份牛肉盖浇饭也大概是 0.35 千克，也基本等同于该网友所说的 0.4 千克。由此可知，外卖行业的单人套餐，正是按照一个人的标准饭量而提供的。

科普小知识	平均 0.4 千克的食物，就可以填满一个人的肚子，这是餐厅在准备菜品时遵循的基本原则。火锅店或是烤肉店备餐时，按照一个人 0.4 千克的量准备刚刚合适（纯糖类物质要稍微调整）。如果只凭感觉备餐，遇到多人就餐的话，就极易出现食物不够的情况。

但如果餐厅的饭菜都是标准的 0.4 千克一份，那就过于平淡无奇了。其实在现实生活中，很多餐厅提供的大份餐或是免费续量的服务，是能够让我们真真切切地感受到喜悦的。

2019 年 3 月，吉野家推出了肉量是大份餐 2 倍的超大份

餐，还有中份餐四分之三分量的小份餐。其中，超大份餐备受
欢迎，自 3 月 7 日开始售卖以来至 4 月 6 日的短短一个月内，
销售量就超出了预售数量的两倍，足足卖了 1021868 份。

事实上，中份餐可以提供 652 千卡 ❶ 的能量，价格为 352
日元（不含税），超大份餐可以提供 1169 千卡的能量，价格为
722 日元（不含税）。如果换算成 1 千卡能量值多少钱，中份
是 0.54 日元，超大份餐是 0.62 日元，实际上，中份餐的性价
比更高。因此有人说："如果是为了吃饱的话，比起点超大份
餐，点两份中等餐不是更划算吗？"在一些油管网（YouTube）
视频上或是社交平台上，经常会有人对比中份餐或是超大份餐
的餐量，并积极呼吁："实际上点两份中份餐更划算。"

那么在现实生活中，选择在吉野家点两份中份餐的人真
正会有多少呢？反正在笔者的印象里从来没有。原因也很简
单，这样做会让人感觉不好意思。比起点一份超大餐，在桌子
上摆两碗中份餐，并吃得一干二净的人，看起来更像是个贪吃
鬼。即使知道点超大份餐会损失 0.08 日元，大部分人还是认
为这点损失是可以接受的。

明明点两份中份餐更划算，为什么人们还是会选择超大
份呢？这也是人类被"恶魔"所迷惑，做出错误判断的一个典
型例子。

---

❶　1 千卡 ≈ 4186 焦耳。——编者注

受欢迎的商品都是从不满中诞生的

👆 为什么热销产品变少了

令和时代 ❶ 拉开了序幕。原本应该较快发展的经济形势，受新冠疫情来袭的影响，突然按下了暂停键。也许在某些读者心中，如果没有新冠疫情影响的话，我们本应迈入以人工智能或机器人为代表的科技发展新阶段，迈入辉煌的黄金时代。

其实在新冠疫情影响经济形势之前，不少企业的研发部门就已经认为，新产品或新服务已经进入了市场环境低迷的"寒冬时节"。很多人认为在当今社会，丰富的产品遍及世界各地，消费者的需求得到了极大满足，那些为了满足消费者需求而研发的新产品早已没了立足之地。

如果目前市场上的某一产品质量差、不耐用，这些不足可以给产品研发指明方向。而如今，无论何种产品都品质较好、种类丰富、耐用方便，功能上更是强大到无所不能。这样看来，似乎已经没有新产品进入市场的余地了。

---

❶ 自 2019 年 4 月 1 日开始，是日本第 126 代天皇的年号。——译者注

换言之，正因为消费者找不到现有产品的不足之处，企业也就找不到研发新产品或新服务的契机了。而对于企业来说，"增加营业额"是永恒不变的追求，企业要不断通过调整现有产品，或是发布新产品，来获得新的消费群体，总之，企业需要通过不断增加购买量和购买频率，来达到增加营业额的目的。因此，新产品或是新服务的开发是必不可少的。

消费者明明觉得现有产品已经够丰富的了，企业却要不断研发新产品、新服务。这个看似永远存在矛盾的话题，一直困扰着诸多企业生产者。

消费者真的已经对现存产品没有任何不满了吗？真的再也没有什么需要的东西了吗？其实并非如此。现实生活中，时常会出现开拓出新市场的热销新产品，它们甚至会一度令消费者欢呼雀跃："对对！这才是我所需要的！"

三得利公司在2017年4月推出的"老板咖啡"系列，就是个典型的例子。上市以来仅仅用了9个月，这款咖啡的销售量就达到了1000万箱，被日本人亲切地称为"瓶装咖啡"，开辟了新的消费市场。

以信息技术行业为代表，对于需要长时间在办公室办公的白领来说，瓶装咖啡满足了他们一边办公、一边花时间"抿（一小口一小口地喝）咖啡"的愿望，并且拥有之前市面上咖啡所没有的清爽感。

三得利公司十分擅长开拓新市场，除了"老板咖啡"，新产品"–196℃强冽"也开拓了高度酒精饮料的市场。虽然酒精度数高（刚上市时的酒精含量是 8%，2014 年 12 月涨到 9%），但很好喝，而且一罐只要 141 日元，十分便宜。作为一罐含有朦胧醉意酒感的饮料，"–196℃强冽"在社交软件上大受好评，甚至被夸赞为"饮酒者的福音"。当然，也有人认为它作为一款饮料酒精度数过高，容易喝醉，是一款十分危险的产品，但这款饮料的亮点就在于解放消费者，享受醉酒感。

作为日用商品售卖的"遮盖胶带"也是个很好的例子。2006 年，从事工业用品制造业的鸭井加工纸厂，邀请了 3 名女性来参观，她们参观后提议："遮盖胶带那么可爱，也可以当作日用商品进行销售呀！"于是鸭井加工纸厂以此为契机，开始了开拓新市场之路。

遮盖胶带原本主要用于涂装现场或是拍摄现场，主要目的是防止作业区域以外被喷涂上油漆。在工厂中应用的商品，如果放在普通的商场里，会有人买吗？一开始公司里的员工也对此持怀疑态度。经过几次市场试水之后，鸭井加工纸厂在 2007 年推出了色彩艳丽、种类繁多的小号胶带——"美纹纸胶带"（masking tape，MT）。兼具实用性和时尚性的小型胶带一经推出，就深受女性客户的欢迎。与瓶装咖啡一样，它也为消费者打开了通往新世界的大门。

在网上，形容某些人狂热追逐某一热门商品，并陷入其中不能自拔时，我们通常说他们已经深陷泥潭或深陷沼泽。现实生活中，甚至出现了压根不使用胶带，却疯狂收集胶带的人，看样子就好像是一步步深陷泥潭，却不能自拔。

虽然不少企业都认为"消费者已经足够满意了""已经没有新的消费需求了"，但从笔者分析消费者的工作经验来看，在消费者群体中，"觉得太不方便了""总觉得缺点什么""太讨厌了""总觉得不满意"等，这样的需求遍地都是。只有那些率先发现了这些需求的企业，才能生产出畅销产品，并且率先将消费者引入"泥沼"之中。

那么这些热门商品的开发者是怎么发现这些客户需求的呢？秘密就在于他们擅长发现一种类型的恶，即不满。

人们在对某一事物进行判断时，常常会在心中设定一个标准，就像沉入海底的锚一样。之后，人们会根据"锚"的标准，来判断某一事物"是好还是坏"，标准"是高还是低"。如果判定事物坏、标准低（负值）的话，就会产生不满。负值越大，不满的情绪就越高。当然，像"食欲""睡眠欲望""性欲（排泄欲）"等基本欲求，如果得不到满足，人们肯定会产生不满，除此之外，超过半数的不满，都是与作为"锚"的标准进行比较后才产生的。简单来说，就是当我们羡慕别人的才能或社会地位，抑或是其他我们没有的东西时，就会产生不满。反之亦然，俗话说"别人的不幸甜如蜜"，就是在看到别人的不幸时，才能真切感觉到自己有多么幸福。

生活中那些常常心怀不满的人，并不是心中的烦恼多，而是他们为自己设定的标准过高。同理，那些几乎没什么不满的人，并不是心中全无烦恼，对任何事都满意，而是他们为自己设定的标准过低，也有可能是心中根本没有标准。

像这样，人们在做决策时，像沉入海底的锚一样，由于将思维固定在某处，而产生决策偏差的现象，被称为"沉锚效应"（Anchoring Effect）。

沉锚效应

含义	它指人们在对某人某事做出判断时，易受第一信息的支配，如同沉入海底的锚一样，容易把人们的思想固定在某处，从而导致决策偏差。标准设置的不同会极大地影响人们的思维判断或是情感体验。
具体事例	1974 年，阿莫斯·特沃斯基（Amos Tversky）和丹尼尔·卡尼曼（Daniel Kahneman）通过实验证明了沉锚效应。实验要求被试者对非洲国家在联合国所占席位的百分比进行估计。实验之前，他们先在被试者面前摆放了一个罗盘。罗盘被动了手脚，指针只能停在 10 或 65 上。

实验时，看到指针停在 10 上的小组，回答的答案平均在 25% 左右，而看到指针停在 65 上的小组，回答的答案平均

在 45% 左右。由此可见，大部分被试者已经被"锚"限定住了。如果罗盘无异常的话，他们的答案应该会均匀分布在各个区间。

在询问客户对我们公司开发的手机游戏有什么不满意的地方时，如果不事先设定一个"锚"，只会得到些模棱两可的答案，如"就是不想玩了"。而换一种提问方式，"作为一名重视竞技体验感的玩家，您对本产品有什么不满意的地方吗"，把重视竞技体验感作为"锚"，得到的答案可能就完全不同了。玩家可能会回答："比赛中遇到氪金玩家❶后，输得很不甘心"，于是新的不满就这样被发现了。

如果你从消费者口中得到的答案只是"已经很满意了""没什么不满的"，并不能说明消费者对目前的状况 100% 满意，而是能让我们发现不满的"锚"的设定有问题。

机会都是从不满中产生的

把不满归于恶这一类，是因为人类的欲望是无穷无尽的。人们总会感到对这里不满意，对那里不满意，但当解决眼前这些不满后，人们还会产生新的欲望，无穷无尽。但从企业的角度来看，不满是产品和服务开发的源泉。一位成功的企业家曾

---

❶ 在游戏里花钱充值的玩家。——译者注

说过:"别人的抱怨,就是你的机会。"这样看来,如果世间真不存在不满,企业家肯定会很失望。正是因为有了不满意的地方,消费者才会花钱来解决不满。

仔细想来,第二次世界大战后的商品市场,有一大半是建立在倾听消费者的不满,再解决消费者麻烦的基础之上的。正因如此推销员这个职业出现了。只要能解决消费者的不满,我们的商品和服务就能卖出去。也就是说,我们已经进入了金融市场时代。

只不过时至今日,较为明显的不满大多已经被解决了,消费者也对现在的生活感到很满意。也就是说,从今以后,关注消费者隐性不满的企业才会脱颖而出。也就是说,我们已经迈入了创新时代。

三得利公司重新制作"天然水"产品的商标,就是将隐性不满可视化的典型例子。

1991 年上市的"天然水"系列产品,销售额一度增长迅猛,小小的瓶装矿泉水,竟有与国际知名矿泉水品牌"富维克""水晶高山泉水"一较高下的势头,到 2009 年,"天然水"就已经超越了可口可乐公司的"乐活水"的市场份额,位列全日本第 2 位。

于是,三得利公司开始制订能使"天然水"系列产品拔得头筹的战略计划,其中有一个环节就是重新印制产品的包装纸(图 1–2)。换包装纸的想法是源于一次消费者问卷调查。在问卷中，消费者们表达了这样的不满："天然水系列产品对外宣称参与了众多环保活动，但从外包装上完全体现不出来。""年轻人觉得'天然水'的外包装对自己没有吸引力。"于是，从 2013 年 5 月开始，三得利公司特意设计了带插图的产品商标，绘画的内容是一群栖息在天然水森林中的动物。

图 1-2　三得利公司"天然水"的旧包装

令人意想不到的是，这一举措反而使"天然水"系列产品在便利店的市场份额从 47% 下降到了 38%，几乎下降了10%。这一结果在三得利公司内引起了轩然大波。

本意是想要解决消费者的不满，为什么他们反而不再买我们的产品了呢？于是，三得利公司的研发团队进行了调查，结果发现，之前以天然水的忠实客户为调查对象的问卷调查，只能反映部分消费者的意见。

这次调查，也让三得利公司明白了一个出乎意料的事实。

当问到消费者对"天然水"产品有什么印象时，大部分忠实消费者的答案多与饮用水的关系不大。如他们觉得"天然水产品看起来很凉爽""感觉冰冰凉凉的很舒服""很清爽，让人忍不住想深呼吸"。"天然水"虽然是饮用水系列的产品，但也给用户提供了除饮用水外的价值。而这种感觉，应该是原包装上描绘的丛山之景给人留下的印象，能让人感受到"凉爽清新空气带来的舒适感"。消费者不买换新包装的"天然水"，就是对已经感觉不到"凉爽清新空气带来的舒适感"的产品的不满。

团队成员终于意识到他们把客户不满意的地方搞错了，于是 2013 年 7 月，他们对产品包装又重新进行了设计（图 1-3）。

图 1-3　三得利公司"天然水"的新包装

事实证明，团队的猜测是对的，"天然水"的市场份额又重新增长了回来。这次"天然水"的新包装，让消费者体验到

了"将南阿尔卑斯山中冰冷清新的空气吸入体内的舒适感"，
再加上又开发出了柠檬水、气泡水等系列产品，在 2018 年，
"天然水"在日本清凉饮料市场上荣获年度销售冠军。这真是
所谓的"祸兮福之所倚"。

三得利公司能将看不见的不满可视化的最大原因，应该
是他们拥有巧妙设置"锚"的洞察力。发现消费者不满最常用
的方法，是将有竞争关系的其他公司的同类产品的功能、品
质、价格等设定成"锚"，再和自己公司的产品进行比较。但
如果"天然水"的营销团队只将目光停留在比较竞争对手的产
品与自家公司产品的优劣上，恐怕他们永远发现不了消费者寻
求的产品的真正价值，即"凉爽清新空气带来的舒适感"。

拥有情绪价值的产品才能卖出去

从三得利"天然水"的案例中，我们还能得到另一个重
要的启示。那就是产品卖得好，未必只是因为它的功能强大。
"天然水"作为一款饮用矿泉水，企业往往会认为它的真正价
值是能够滋润干渴的喉咙这一由功能带来的实用价值，而事实
上大部分消费者是因为它能够提供除功能以外的价值，即能让
人感受到凉爽清新空气带来的舒适感，才选择购买的。

这与前文提到的自助餐畅销的原因有异曲同工之妙，人
们喜欢吃自助餐，不仅是因为可以尽情地享用喜欢的食物这一

由功能带来的价值,还因为它能带给人们幸福感。

产品和服务有"滋润干渴的喉咙""吃得饱饱的"这种由自身功能带来的效果和价值,被称为"功能价值"。另外,感受到清冽的泉水与清新的空气,感受到尽情享用自己所喜爱食物的幸福感,这种由产品和服务带来的感觉、心情等情感体验,是除功能价值以外的情绪价值。

大部分的产品和服务兼具功能价值和情绪价值。虽然在功能价值上稍有欠缺,但只要在情绪价值有足够的吸引力,销售业绩也差不了。蜡烛的销售史就是个典型的例子。

在没发明燃气灯和电灯之前,蜡烛生产行业曾是唯一拥有照明功能的庞大生产行业,但在燃气灯和电灯出现后,蜡烛就因为照明功能远不如燃气灯和电灯,丧失了该行业的领先地位。至此,蜡烛失去了半壁江山,只在无法使用燃气灯和电灯的特殊场合才会被重新使用。

到了20世纪90年代,欧美市场的蜡烛销售量却突然急剧增长。欧洲蜡烛协会的一组调查数据显示,2016年欧洲蜡烛的年销售量达到了70万吨,成为快速增长的行业之一。

蜡烛的销售量为什么会快速增长?原因就在于蜡烛可以提供独特的情绪价值。不少消费者表示,使用蜡烛可以"治愈我们的心灵""我想把房间营造成一个温馨的空间""我想体验那种由蜡烛营造出来的独特氛围"。美国蜡烛协会(National Candle Association)的调查数据显示,选择购买蜡烛的消费者中，10 人里有 9 人是想把房间营造成一个温馨舒适的空间。风靡一时的芳香蜡烛的出现，就是因为厂家明白消费者所追求的并不是蜡烛的照明功能，而是某种昏暗、幽静的氛围。

多数情况下，生产企业往往更关心产品的功能价值。在设定"锚"时，也常常选择将"功能价值"设定为标准。例如，餐具洗洁剂的主要功能价值就是除油去污，大部分企业就把"锚"设定为在功能价值上相互竞争。然而，餐具洗洁剂产品之间的功能价值差别并不大，最终消费者在种类繁多的同类产品中挑花了眼。企业产品研发部门最头疼的就是产品的功能价值已被开发到极限。

今后产品研发上的竞争会集中到以产品可以提供的情绪价值为锚的领域，就像三得利公司的"天然水"一样。放眼整个世界，擅长设定"锚"的企业并不多，而苹果公司、戴森公司是为数不多的成功企业。从现在开始学习设定产品的比较基准"锚"还为时不晚。

虽然不满是代表着人类欲望无穷无尽的"恶魔"，但从促进企业成长的角度来看，它也有天使的一面。只要我们勇于面对它，不避讳它，相信它能给我们带来更多巨大的发展契机。

"尊重需求"使人疯狂

"高意识系❶"为什么受欢迎

21 世纪初，日本出现了一个新词——"高意识系"。据说，这个词大概出现在 2000 年的上半年，主要用来形容"虽然年轻，但专业知识扎实，经验丰富，且个人能力突出的优秀学生"。当时，许多求职活动都是打着"高意识系学生团体"的旗号展开的。不久后，在年轻人经常使用的社交网络平台蜜秀（Mixi）、推特、脸书❷（Facebook）上，传言如果被企业认定为"高意识系的学生"，就会对求职十分有利。于是，许多学生开始模仿"高意识系的学生"的举动。

也许是受上述情况的影响，到了 2008 年左右，"高意识系"就被人们用来嘲笑那些喜欢炫耀自己的大学生了。从那时起，这个词开始具有贬义色彩。

---

❶ 指说话很高调、自我夸赞，但是实际上却没有自己所说的那么好的人。——译者注
❷ 已改名为"元宇宙"（Meta）。——编者注

原本"高意识系"这个词只用在大学生群体身上，随着大学生开始步入社会，这个词的使用范围也扩展到商务人士和家庭主妇身上。到 2010 年，这类人被统称为"高意识系群体"。

高意识系人主要有以下几个特征。

（1）过分夸大自己的能力，实则毫无内涵。

（2）热衷于在学习小组会上结交人脉，却没有任何自己的建树。

（3）虽然多数情况下是白忙一场，但展示自己的欲望强烈。

至今为止，我还没遇到一个自称为"高意识系"的人。这样看来，高意识系并不是源自自身的认可，而是源自他人的评价。而且从高意识系群体的特征来看，并没有什么特别值得被批判的地方，多数人只是根据自己的主观感受，就把别人定义为高意识系人。这样说来，认定他人是高意识系人，或多或少有些不合理。

2012 年常见阳平 [1] 在他的著作《高意识系是一种病》，以及 2017 年古谷经衡 [2] 在他的著作《高意识系研究》里，都对新名词"高意识系"进行了定义，但这也仅是他们二位的观

---

[1] 日本千叶商科大学国际教养系专职讲师，评论家。专攻劳动社会学。——译者注

[2] 日本作家、评论家。——译者注

点，至今还没有统一的、客观的有关高意识系群体的基本定义。因此，在大部分场景中，人们只凭感觉就可以将看不顺眼的人断定为高意识系人。

那些被认定为高意识系人的人，应该有什么值得被批判的地方吧。但事实上，根本没有这样的理由，没有明确的定义，单凭感觉就把别人定义为"高意识系"，从而批判他人，这种行为和"中世纪的女巫审判❶"一样。

📷 高意识系人为什么喜欢使用 Newspick❷

高意识系人在星巴克咖啡店里用苹果笔记本电脑长时间办公，或是加入社交网络上的在线沙龙（如互联网上按月缴费的会员制的聊天室等），这些行为经常受到网民的嘲笑。这样说来，那些在罗多伦或是雷诺阿咖啡店里长时间工作的人，或是那些加入明星粉丝俱乐部和在线沙龙的人，不是和高意识系人一样吗？他们怎么就不会被嘲笑呢？总而言之，我们是单凭感觉就认定别人是高意识系人，还是有更深层次的理由呢？

---

❶ 又被称为"魔女狩猎"，是对异教徒的一种异端审问。良家妇女一旦被诬为"女巫"，立刻会被斩首示众，然后焚烧尸体，刀下冤鬼多得难以统计。这是欧洲历史以及人类文明史上黑暗的一章。——译者注

❷ 日本精英群体喜欢用的新闻浏览软件，可以基于新闻来进行问答或评论。——译者注

"新闻精选"（Newspick）上的高意识系人，就是单凭感觉被认定的典型代表。"Newspick"是一款旨在让经济更有趣的社交媒体软件，它不仅有独家报道，还会从日本国内外超过90家的媒体上摘录经济新闻。大部分新闻可以免费浏览，当然也有付费内容，付费可以浏览"Newspick"上的独家报道。

专业评论员制度是"Newspick"网站的最大特色，各行各业的领军人物作为专业评论员，会时不时地选取一些今日必读文章，并附上自己的观点，供大家浏览。专业评论员的观点往往精准到位、一针见血，读了他们的评论，笔者也经常觉得深受启发。

与此同时，只要每月交会费5000日元，就可以成为他们的学术会员，不仅可以浏览付费内容，还可以参加由专业评论员主持的小型讲座，每月还可以收到一本由"NewsPicks"出版的杂志，并且可以享受到各种会员福利。这本杂志是"Newspick"与幻冬舍共同发行的《新闻精选集》（*NewsPicks Book*），主编是被日本人爱称为"箕轮书"的箕轮厚介。

除了专业评论员，匿名游客也可以留言，笔者就曾经历过这样一件令人气愤的事。一名貌似"高意识系"的匿名读者给我留言道："您的眼光真高！"在这种情景下，貌似就可以使用"高意识系"这个词了。

如果将"NewsPicks"认定为只有高意识系人才会使用的软件，多少有些过头了。"NewsPicks"的母公司优则倍思

（Uzabase）公开的 2019 年第四季度财报显示，"NewsPicks"已有付费会员 150000 人（未付费会员的数量大致是付费会员的 10 倍，约有 1500000 人），每月固定收益大概 1.7 亿日元。也就是说，光会费这一项，"NewsPicks"公司的年收益就超过 20 亿日元。

除此之外，还有广告收入等，"NewsPicks"公司 2019 年第四季度的收入创下了历史新高，全年收入达到了 41.9 亿日元，虽然受到新冠疫情暴发的影响，日本整体经济形势恶化，但到了 2020 年，其年收入依然超过了 50 亿。这样看来，"NewsPicks"付费会员的 150000 人不可能都是"高意识系"，他们中的大部分其实都是普通人。

让我们再回到本节的主题上，为什么人们总说"NewsPicks"是高意识系人才会使用的软件呢？事实上，这个说法的产生并不是因为使用该软件的高意识系人多，而是付费会员和非付费会员经常相互给对方贴"高意识系"标签导致的。换言之，他们之间存在的共同点，很容易被他人误认为是"高意识系"。这个共同点，就是"集团现象"。

高意识系人的典型特点之一，就是喜欢过度使用外来语。他们会把会议资料叫作英文的"Agenda"或法语的"Résumé"，把分配工作任务称作"Assign"，把追赶其他公司的业绩叫作"Catch up"，把开始一项新业务叫作"Launch"，现代商务领域的复杂外来语在他们口中越说越多。然而这种过度使用外来语的行为，并不能给人留下他们的商业知识很丰富的印象。同样，在笔者一直工作的市场或投资领域，也深感有许多过度使用外来语的情况。虽然这些外来商务用语并没有什么错误，但如果不区分场合胡乱使用的话，就会给人带来不适感。

高意识系人的另一个特征也经常被人们攻击，那就是他们喜欢开学习会，热衷于结交人脉。细想起来，开学习会本身并没有什么不妥，热衷于学习不是件值得表扬的事吗？

这样看来，他们的本质问题就在于使用专业术语，形成小集体，有共同的语言和行为习惯，以及强烈的团队意识，与此同时，他们也极易被外部团体所排斥。

人一旦归属于某个团体，就会对其他团体产生厌恶、有差别的态度，这种心理现象被称为"内群体偏差"（ingroup bias）。内群体是指自己所属的团体（像公司、学校这样的组织，或是俱乐部、交友俱乐部这样的小团体，或是家族成员内部等），而外部的其他组织就被称为外群体。

内群体偏差

含义	它指对自己所在的团体抱有好感，而对外群体抱有相反态度的现象，也被称为"内群体偏好"。只因为出身相同这一点，就形成了像学阀、财阀这样牢不可破的群体。

这一现象不仅存在于团体内，也存在于看不见的、被贴上某一标签的团体内。

具体事例

最容易被理解的内群体是"粉丝团体"。阪神球迷对巨人球迷的态度真可谓恶其余胥，这是因为在阪神球迷内部产生了反巨人球迷的内群体偏差。该偏见发展到一定阶段，就会对某一特定的群体（如国家、种族）等产生排斥行为。

将自己与内群体同化后，就会觉得"内群体＝自己""外群体＝他人"，而对外群体产生敬而远之的态度。同样地，被排斥的外群体，也会疏远内群体。于是，就出现了被排斥的外群体给内群体的评论员贴上"高意识系"的标签，来出口恶气。

内群体的人也未必是没有任何不妥之处。他们往往过分看重团体内部的意见，甚至会排斥群体内持不同意见的人，但并不是所有的阪神球迷都排斥巨人球迷，即使在同一团体内，也不可能让所有人的想法都一致。于是，那些被内群体排斥出来的人就开始批判内群体："团体内就像宗教团体一样等级森严。""必须保持步调一致的氛围让我很不舒服。"这样一来，更让外群体的人看了笑话。使用"NewsPicks"的用户被人们揶揄为高意识系人，这样看来，主要是因为内外群体对立产生误会，以及内群体自身内部不和后产生的误会。

笔者也曾经是"NewsPicks"的付费会员之一。当看到自己写的评论被数百人转载时会感到非常高兴。当然，有时内群体发来的批判意见也会令笔者一筹莫展。

笔者是这样认为的，其他人（至少是同一群体内的人）应该也是这样认为的，这种现象被称为"虚假同感偏差"（false consensus effect）。

虚假同感偏差

含义	它指人们常常高估自己和他人之间共有的"一致性"（consistence），认为在同样的背景下，他人就会做出和自己一致的选择或行动。如果他人和自己的选择或行动不同，就会认为其他人是怪人。换言之，自己是正常人，和自己观点不一致的人，则会被贴上"怪人"的标签。
具体事例	斯坦福大学的社会心理学教授李·罗斯（Lee Ross）以大学生为调查对象进行了一项实验，问大学生是否愿意挂上写着"来琼斯饭店吃饭"的广告牌，在校园里闲逛。那些同意挂广告牌的人中，62%认为其他人也会同意这么做，在那些拒绝这么做的人中，也同样认为67%的人会拒绝。那些同意挂广告牌的人认为那些拒绝这么做的人

是胆小鬼，而那些拒绝的人则觉得同意这么做的人古怪
至极。

这样看来，高意识系人和普通人之间几乎没有什么不同。
在各种偏差的影响下，一种情况下的普通人，换到另一种情况
下，就成了高意识系人了。

"尊重需求"本身并无对错之分

在笔者看来，高意识系群体事实上并不存在。现实生活
中的高意识系人，只不过是人们给某个特定团体贴上的标签
罢了。

广告公司智威汤逊早在 1926 年就提出，"推销产品前，必
须先推销文案。想要推销出什么，就必须考虑到更高一层的东
西。我们甚至要有推销人生的决心"。

高意识系群体也有同样的追求。从古至今未曾变过的人
类欲求，被冠以"高意识系"这个现代名词后，就成了席卷整
个社会的潮流。"NewsPicks"的大获成功，就是源于它乘上了
这股潮流的东风，领悟到了智威汤逊公司"推销人生及生活方
式"的理念，于是重整团队，并作为一款"高意识系"社交媒
体软件高调登场，瞬间风靡一时。

那么，"高意识系"群体所追求的，人类自始至终未曾改

变过的欲望到底是什么？那就是"尊重需求"。高意识系群体，只不过是过度追求他人认可的典型代表。

前文在自助餐那一部分，我们也介绍过了马斯洛的需求层次理论。尊重需求在从上往下数的第二层，如果要详细划分，又可以分为"希望得到别人的认可"（被他人尊重的需求）和"认可自身的价值"（自我尊重的需求），无论是哪种需求，最终的目标都是确立自己的社会价值。与以食欲为代表的生理需求，想要获得安心、自由的安全需求不同，尊重需求满足的对象是人的内心。无论自我认可或他人认可，如果不能让需求者的内心得以满足，那尊重需求就无法被满足。特别是渴望得到他人认可时，情况就更加复杂了。生活中，我们也许都有这样的体验，无论你怎么和别人交流，如果别人不认可你，你就会觉得自己内心无法得到满足。

因为始终追求被认可，所以人类才会不小心堕入欲望的泥沼。社交网络上的网红为了追求"点赞""转载次数"或"播放次数"，而出现怪相频生、哗众取宠的现象，就是过度追求尊重需求的典型事例。

那么，高意识系群体渴望得到他人认可的需求，为什么会这么强烈呢？这可以用邓宁 – 克鲁格效应（Dunning–Kruger effect）来解释。

邓宁－克鲁格效应

含义 | 它指能力欠缺的人往往会高估自己的能力，而能力较高的人往往会低估自己的能力。为什么会出现这一现象呢？
能力不足的人往往无法正确认识自身的不足，也无法正确评估别人的能力，从而得出错误的结论。通过训练，并随着自身能力的不断增强，人们就能够意识到自己的不足了。
顺便解释一下这个名字的由来，因为这一现象最早是由康奈尔大学的大卫·邓宁（David Dunning）和贾斯廷·克鲁格（Justin Kruger）发现的，所以就以他们二位的名字命名了这个理论。

具体事例 | 学术交流会上，老教授谦虚地说："因个人能力有限，未能明白其中的道理，十分抱歉。""这个基本的问题我还不是很清楚，十分抱歉。"这并不是因为老教授被对方所讲的内容难住了，而是因为其深受邓宁－克鲁格效应的影响。莎士比亚就曾在他的戏剧作品里说道："愚者自以为聪明，而智者则有自知之明。"

在本节的开头，笔者曾向大家介绍过，高意识系人有着毫无内涵、没有自我建树，却有强烈自我展示欲望的特点。关于这些特点，如果我们用邓宁–克鲁格效应来分析，就会发现高意识系群体实际上正是因为自身能力不足，从而产生高估自身能力的现象。

如图 1-4 所示，那些渴望得到他人尊重的人，或是渴望自我被认可的人，一直在不断努力。然而，有时能力（实力）和工作业绩并不成正比，也会存在无论怎么努力，都不被认可的时候。越是这样，希望得到认可的人就越焦虑，越是做些无用功，同时他们希望得到尊重的需求也就越强烈。高意识系群体里超过半数是能力不足的人，正是因为他们明白了这一点，所以才会拼命去学习、去结交人脉。这么看来，他们都是些努力生活的人。

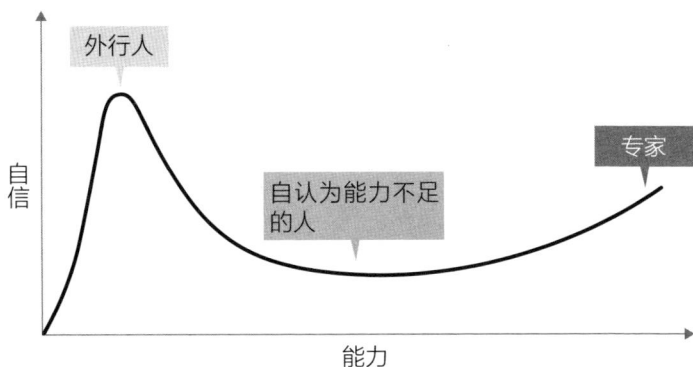

图 1-4　邓宁–克鲁格效应

正如前文所说，"NewsPicks" 最大的特色就是可以阅读专家评论员的文章，成为学术会员后，还可以与各个领域的专家交流。对于那些倾向于过高评价自己的高意识系群体来讲，给他们提供与某个行业专家交流的平台，不正是满足了他们的尊重需求吗？

"NewsPicks"公司得以迅猛发展的深层次原因，正是它满足了客户的尊重需求这一"魔物"。当然，笔者并不认为这有什么不妥。尊重需求也是人类的烦恼之一，如果过度渴望得到认可，就有可能诱发人们的贪欲，可以说，尊重需求也是人类的恶念之一。不过，存在希望得到他人认可的尊重需求并不是什么坏事。追求尊重需求的人中，有很多人通过自身的不断努力而获得成功，也有很多值得我们尊敬的人。说到底，真的存在没有任何尊重需求的人吗？想被家人认可，想被朋友认可，想被同事认可，想在团队中被认可，这些想法都再正常不过了。

从"NewsPicks"大获成功的例子可以看出，尊重需求甚至能让人狂热地去追求。事实上，那些否定尊重需求，将其认定为"禁物"的产品和服务，往往很难得到人们的喜爱；而那些在一定程度上承认尊重需求，带有"恶魔"性质的产品和服务，则更容易得到人们的认可。

第 2 章

愤怒可以激发人的行动

寓言故事 2:《咔嚓咔嚓山》

　　相传在很久很久以前,有一对老夫妇靠种田为生。有一只坏狸猫经常跑到田里,将老夫妇好不容易种下的农作物挖出来吃掉,这让老两口非常为难。于是,忍无可忍的老爷爷设置了一个陷阱,把狸猫抓了起来。

　　老爷爷把狸猫交给老奶奶,并嘱咐她把这只狸猫炖了做汤,就又去田里干活了。家里就剩下老奶奶和狸猫,狸猫可怜巴巴地哀求老奶奶:"奶奶,我再也不偷东西了,你就放了我吧,我帮你做家务。"老奶奶看着狸猫可怜巴巴的样子,心一软就把狸猫放了。谁知狸猫获得自由后,反而用棒子打死了老奶奶。

　　老爷爷知道这件事后,非常伤心,去找住在附近山里的兔子帮忙。老爷爷对兔子说:"我很想给老奶奶报仇,但仅凭一己之力,恐怕做不到。"老爷爷将自己的遭遇一五一十地告诉了兔子,兔子答应帮老爷爷报仇。

　　第二天一早,兔子就引诱狸猫背上木柴去卖钱。

半路上，兔子偷偷拿出打火石摩擦起来，点燃了狸猫背后的木柴。听到打火石声音的狸猫问兔子："我怎么听到了咔嚓咔嚓的声音呢？"兔子说："因为这里是咔嚓咔嚓山呀，小鸟的叫声都是咔嚓咔嚓的。"不一会儿，柴火就把狸猫烧成了重伤。

第二天，兔子骗狸猫，说给它带来了药效特别好的药，却拿出辣椒水涂在了狸猫的伤口上，狸猫痛得哇哇直叫。

狸猫的伤口好了之后，兔子又约狸猫一起去捕鱼。兔子准备了一只用木材造的小船，又准备了一只用泥巴造的大船。果然如兔子所料，贪婪的狸猫想抓更多的鱼回来，于是选择了乘坐泥巴造的大船。刚划到河里没多久，泥船就开始融化下沉了。

狸猫恳求兔子救它。兔子反而用船桨把狸猫打晕，狸猫随着泥船一起沉入了河底。兔子终于为老奶奶报了仇。

这就是惩恶扬善的寓言故事《咔嚓咔嚓山》。据说在室町时代❶末期，就形成了这个故事的雏形。从如今的角度看来，

---

❶ 1336 年至 1573 年，是日本历史中世时代的一个划分，名称源自幕府设在京都的室町。该时代共经历 16 代将军，延续 237 年。——译者注

兔子对狸猫多少有些惩罚过度了。当然，打死无辜的老奶奶，狸猫无疑犯了杀人罪。但是，兔子针对狸猫的一系列报复行为，从现代法律或道德的角度上讲是不合理的。兔子也应被判重罪，老爷爷恐怕也要承担教唆罪的罪名。

到了江户时代❶，寓言故事《咔嚓咔嚓山》就流传开来，据说当时的人们普遍对狸猫产生了同情，删掉了部分惩罚狸猫的内容。

话说回来，为什么《咔嚓咔嚓山》的故事可以流传这么久呢？大概是因为对恶人施以报复，这种"以眼还眼，以牙还牙"的精神，得到了极好的阐释。现实社会中，由于法律条文或道德规范的约束，即使你特别仇恨某个恶人，也不能报复他。但我们毕竟是活生生的人，遇到让人生气的事，就会感到义愤填膺，不让我们报复一下，也确实不解气。《咔嚓咔嚓山》的寓言故事正是把人性的阴暗面毫无保留地展示出来，才会流传几百年吧。因为愤怒可以激发人的行动。

---

❶ 1603 年至 1868 年，是日本历史上武家封建时代的最后一个时期，统治者为三河德川氏。——译者注

让大人们狂躁不安的"恶魔少女"

格蕾塔效应席卷全球

2018 年 8 月 20 日，当时还只有 15 岁的少女一个人坐在瑞典议会的大门外抗议，打着"为气候罢课"的标语，要求瑞典政府正视温室气体排放问题。少女四处散发着自己印制的小册子，上面写着："我们罢课，是为了阻止你们这些成年人摧毁属于孩子们的未来世界！"到 9 月 9 日瑞典大选结束之前，她再也没有去过学校。少女的行为很快通过社交媒体传遍了整个世界，引起了广泛的讨论。

瑞典大选结束后，她又发动了主题为"星期五为未来"（Fridays For Future）的抗议活动，呼吁学生们每周五罢学，并号召全世界的学生群体团结起来，举行大规模游行示威。截至 2019 年 11 月，世界多处爆发了游行示威活动，遍布澳大利亚、奥地利、比利时、加拿大、荷兰、德国、芬兰、丹麦、日本、瑞士、英国、美国等国家。

澳大利亚总理斯科特·莫里森曾劝告同学们："希望大家减少罢课活动，多在学校努力学习文化知识。"然而同学们非但没有听从劝告，反而进行了更加激烈的抗议活动。

这名鼓动起全世界学生的少女名叫格蕾塔·通贝里（Greta Thunberg），她的抗议活动也引发了学生们的积极响应。

孩子们放弃学业，参加示威游行活动，这前所未闻的行为让全世界的大人们手足无措。

比利时弗兰德斯的环境大臣斯科夫·利格甚至公开表示："情报机构已经抓住了格蕾塔事件的幕后黑手。"然而，情报机构迅速回应："我们没有掌握任何关于此事件的证据。"斯科夫·利格不得不因此被迫辞职。

除此之外，被逼到焦躁不安境地的大人们更是不胜枚举。俄罗斯总统普京在接受采访时表示："没有人向格蕾塔解释，现在这个世界是复杂多样的，非洲和其他国家的人们也想和瑞典人一样富有，使用清洁能源，但实现起来很难。"欧盟外交和安全政策高级代表博雷利也戏称，参加游行示威的年轻人得了"格蕾塔综合征"。

格蕾塔参加完在西班牙马德里举行的联合国气候峰会后，在回家的路上乘坐了德国列车，她在社交软件上发布了一条坐在车内地板上的动态，并配上文字"在拥挤的德国火车上"。德国铁路随即发文回应："如果您在发帖时，提一下我们提供的一等座和贴心服务就更好了。"这一回应赤裸裸地暴露了格蕾塔并不是坐在混乱拥挤的车内地板上回家的，而是坐在一等座上舒舒服服回家的。

虽说格蕾塔通过社交媒体的发言有一定的影响力，但对一个十几岁的孩子进行批判，着实有些没有成年人的气度。似乎格蕾塔手中有能够威胁到大人们的某样东西。确实，格蕾塔那些激进的言论刺激了成年人的神经，他们恨不得马上采取行动反驳。

2019 年 9 月 23 日，出席在美国纽约举行的联合国气候峰会的格蕾塔，怒斥一些政府在环境问题上的不作为，连喊了四遍："你们怎么敢这样做！"格蕾塔眼含热泪，怒斥他人，眉毛上扬，额头紧皱，显得有些轻视人的样子，也许不少人一看见她就心生厌恶。但我们静下心来，听听格蕾塔的发言就会发现，她其实并不是激进的环境主义者，她只是主张应该多听听科学家的声音。

为了参加联合国气候峰会，格蕾塔曾横渡大西洋，她的船帆上还写着"团结在科学背后"（Unite Behind the Science）。她究竟是一个激进的环保主义者，还是一个科学的环境保护者？为什么大人们如此反对她呢？

人们只会扑向对自己有利的事实

如果气温持续升高，世界将会怎样？由世界气象组织（WMO）及联合国环境规划署（UNEP）联合建立的政府间机构——联合国政府间气候变化专门委员会（IPCC），曾在 2018

年发表的一项特别声明中解释了这个问题。

● 世界平均气温比工业革命之前上升了 1.0℃。
如果气温以这个速度增长，到 2040 年左右，世界平
均气温将上升 1.5℃。
● 因气候变暖导致的海平面上升、生态平衡破
坏、食物和水资源匮乏等恶性事件，将会数不胜数。
● 为了将气温的上升幅度控制在 1.5℃ 以内，全
世界人类的二氧化碳排放量到 2030 年，要比 2010 年
减少 45%，到 2050 年，要减少 100%。

就目前的状况来看，到 2030 年的二氧化碳排放量减半实
现的可能性只有 50%，对此一些关心气候的人表达了强烈的
不满。他们认为，如果人们还不采取任何措施，很快气温就会
升到临界值，地球就会变得如同一个巨大的温室，"温室地球"
将会给世界带来各种危机。

当然也有人认为，即使 10 年后世界平均气温的上升超
过了 1.5℃，以现在的科技水平，也无法预测是否真正到达了
"温室地球"的临界值，所以他们觉得不必过度反应。

科学研究表明，全球气候变暖的最坏结果是，最少 10 年
内，地球就会陷入非常危险的境地，这样看来，一些人的观点
也不是没有道理。也就是说，因为没有针对未来的明确结论，

某位有识之士认为某件事是 A，另外一些有识之士则有可能认为某件事是 B。

这样说来，地球真的存在气候变暖现象吗？由日本气象厅制作的"世界平均气温变化图"显示，大约 127 年间，南北半球平均气温上升了 0.9~1.3℃（图 2-1）。

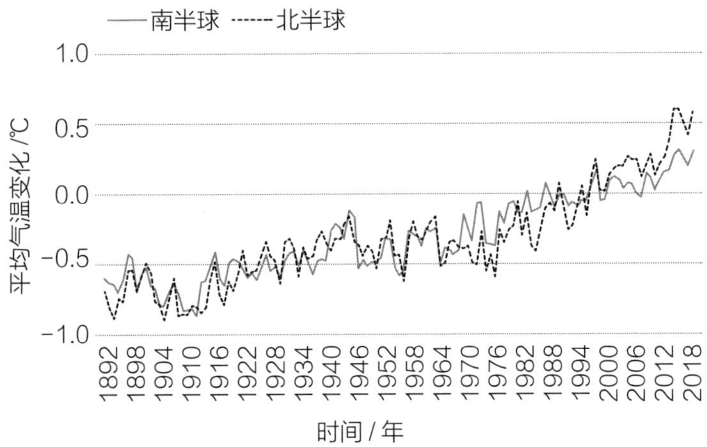

图 2-1　世界平均气温变化图
资料来源：日本气象厅。

同时，"日本平均气温变化图"显示，日本平均气温的上升值要明显高于世界水平，在大约 115 年间上升了 1.65℃（图 2-2）。

这些数据至少可以证实全球气候变暖是真实存在的。除此之外，世界上还存在不少气候变化怀疑论者。尤其是气候变暖和环境变化之间的因果关系，也是怀疑论者质疑最多的地

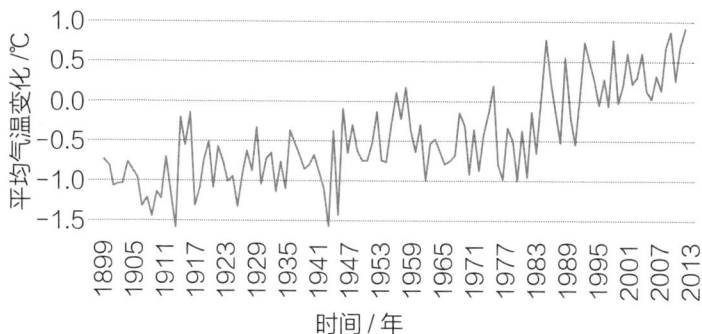

图 2-2　日本平均气温变化图

资料来源：日本气象厅。

方。说二氧化碳可以使气温升高，证据呢？说气温升高会带来
极端天气事件，证据呢？

人们只愿意相信自己想相信的事

虽然不能说支持全球气候变暖理论的人提出的所有观点
和数据都正确，但至少从具体数据来看，全球气候逐步变暖的
现象是个不争的事实。即便如此，认为"地球根本不存在气候
变暖现象""全球气温变暖论是阴谋论"的人还是络绎不绝，
这到底是为什么呢？正常化偏误（normalcy bias）理论能够很
好地解释这一现象。

正常化偏误

含义 | 即使已经发生了危机，但因为希望能一切如常，所以选择忽视事实，对事态的紧迫性和严重性视而不见，拒绝做出反应或改变。人类基于自己已有的认知，主观认定不要紧，从而忽略危机可能带来的风险性。

具体事例 | 1982 年 7 月 23 日至 24 日，日本长崎县长崎市发生特大暴雨，1 小时的降雨量达到 187 毫米。到 23 日下午 5 点之前，虽然长崎市已经拉响了洪水警报，但连日来深受大雨影响的居民只是不耐烦地说了句："又来了。"还是正常地生产、生活。到晚上 9 点，去避难所避难的人只占全部市民的 13%。因为处于危险区的大部分市民都没有去避难所，所以他们很快被卷入了接踵而来的泥石流、山体滑坡等灾难中。死者、失踪者多达 299 名，其中有 262 名是因为被卷入泥石流、山体滑坡等灾难中死去的。事后，对没有避难的幸存者进行问卷调查时发现，他们普遍认为"在家也没关系""想先等一会儿，看看情况再做决定"。

想让人们相信某个事实，至少需要三个必不可少的要素。第一，有专家的详细解说；第二，有具体数据来支撑；第三，有媒体宣传，将某件事作为事实广泛宣传报道。但如果人们想伪造某个事实也是同样的流程，让别有用心的专家解释伪造好的数据，在媒体上大肆宣传，就可以把谎言变为事实。

2007 年 1 月 7 日，关西电视台在电视节目《重磅！大发现 Ⅱ》中宣传纳豆有减肥的功效，后经证实，这是节目制作方为了节目效果，肆意扭曲专家解说，伪造具体数据制作的虚假信息。但在事实真相未被揭露之前，很多消费者都愿意相信纳豆有减肥功效。超市里的纳豆更是一度卖到脱销，甚至造成了超市不知道什么时候才能进到货的混乱局面。

正常化偏误很好地解释了人类容易被欺骗，做出不合理判断的原因。想逃避不安的人性弱点，会导致人们做出不合理的决策判断。

放在全球变暖这一事件上也是同样如此，不管联合国政府间气候变化专门委员会的科学家怎样阐释地球正处于危险中，人们出于逃避危险的本能，还是认为"地球根本没有变暖""全球变暖就是个阴谋论"。往往这些受正常化偏误影响的观点更容易得到大家的认同。因此，基于具体数据的科学观点未必会获胜。

成年人为什么会对正确结论感到愤怒

格蕾塔的愤怒也成功引起了人们对全球变暖问题的再度

关注。每次格蕾塔一表达自己的愤怒，就会有人批判她："净说些不可能实现的政治言论。"很多人对格蕾塔的反对也是一目了然的，在这个世界上，如果你不断宣扬政治言论，就会出现不少对此感到愤怒的人。

这些人对待其他问题也时常持有否定态度。如问他们："你如何看待减少加班时间，提高工作效率？"或者"你如何看待在过去的冰河期时代，房租明显下降了，但进入老龄化社会后，房租一直没下降？"即使正确答案就摆在他们面前，并且有具体的数据支撑，他们也会对其持怀疑态度，不愿意接受。

那么，人们为什么不愿意接受正确的结论？原因之一是受了"素朴犬儒主义"（naive cynicism）的认知偏差的影响。

素朴犬儒主义

含义	素朴犬儒主义认为人们更容易以自我为中心。因为认可"人都是自私的生物"，这一观点本身就含有"讥讽"（挖苦、冷嘲）的意味，所以将它命名为"犬儒主义"（讥讽主义）。
具体事例	设想一个你与他人共同承担某项工作时的场景，当工作进展顺利时，你是如何衡量自己或他人的贡献的？当工

作进展不顺时，你又是如何划分自己与他人的责任的？

当工作进展顺利时，我们可以比较公正地评价自己的贡献，而对于他人做出的贡献，往往不会评价得比自己高。

相反，如果工作进展不顺利时，即使高估自己的责任，也不会认为他人的责任比自己少。

这样看来，我们对他人的评判标准似乎更加随意。

换言之，就是我总觉得自己已经尽力去理解对方了，而对方却不愿意尝试去理解我（无论我的观点多么正确），并且经常对我的观点随意评判。

生活中，我们也时常听到这样的观点：世界不是靠一些所谓的政治正确言论运行的，如果只是动动嘴皮子，谁都能做到，还是少说些无用的理论，多看看现实吧。这些观点就是"犬儒主义"的典型代表。

当然，"犬儒主义"也不是完全不好，想让大家达成一致意见，就必须学会相互妥协，从这点来说，"犬儒主义"还是有它的现实必要性的。我想，一些成年人对格蕾塔的愤怒，主要源自"素朴犬儒主义"和"心理抗拒"（psychological reactance）这两个认知偏差的影响。

心理抗拒

含义	当自我选择的自由被剥夺，被他人要求做或不做某事时，即使明知别人提供的是一个好建议，也会激起自身反抗、反驳的冲动。
具体事例	比如，原本打算看完漫画后就去学习，父母发布了一道命令："快去学习。"你听后反而不想去学习了。工作上，本来已经决定好了先做什么后做什么，被上司一顿斥责："这件事怎么还没做完！"反而什么工作都不想干了。

即使是对格蕾塔的抗议行为感到反感的成年人，也有不少人是认可"我们应该采取措施阻止全球气温变暖"这一观点的，但一看到格蕾塔如此咄咄逼人，命令人们采取措施阻止气候变暖，并强制人们节能减排，反而瞬间激起了不少人的反抗意识。

即便如此，我也不认为这是一件坏事。虽然有些有识之士认为，格蕾塔的行为引起了世界范围内的对立，但是也多亏了她，人们才了解到各国面对全球变暖问题时所秉持的基本态度，认为有必要采取措施阻止全球气候变暖的人也增多了。想要改变数十年未变的世界，比起那些冷静的说教，代表"恶魔情感"的愤怒实际上更有效。

为"错误审判"而疯狂的人们

👍 M-1 日本漫才 ❶ 大奖赛为什么被爆出大量负面新闻

每年冬天，年轻的喜剧演员争相竞技的舞台 M-1 日本漫才大奖赛如约举行。自 2001 年开始举办以来，M-1 日本漫才大奖赛的知名度与日俱增，虽然中途有 4 年停办，但也丝毫未影响它的受欢迎程度。

获胜者将有机会参加以综艺为主的电视节目，有机会争夺最受欢迎的艺人的宝座。据坊间流传的"爆火法则"预言，在 M-1 日本漫才大奖赛上获得第 2 名的选手反而会更火，这些传言说得绘声绘色，有鼻子有眼。有一点毫无疑问，即 M-1 日本漫才大奖赛是极具影响力的重要喜剧赛事。

在 2018 年平成 ❷ 年间最后的一场比赛中，搞笑组合"霜降明星"获得了一等奖，这一组合的成员都是 90 后，是历史

---

❶ 日本的一种站台喜剧形式，类似中国的对口相声，起源于日本古代传统表演形式的"万岁"，之后在关西地区渐渐发展起来。——译者注

❷ 日本第 125 代天皇明仁的年号，使用时间为 1989 年 1 月 8 日至 2019 年 4 月 30 日。——译者注

上最年轻的冠军选手，他们的获胜预示着漫才行业新老交替的开始，漫才业的新时代到来了。

时至今日，由"霜降明星""EXIT 组合""四千头身"等年轻艺人组成的"搞笑艺人第七代"出演的综艺节目比比皆是，2018 年更是成了各类综艺节目火爆之年。到了 2019 年，在令和年间的第一场比赛上，搞笑组合"牛奶男孩"更是以最高分取胜，打破了历史纪录。因为他们的相声"很容易理解""版本换词简单，极易模仿"，社交网站上模仿他们包袱的名场面也大受欢迎。

近年来，M-1 日本漫才大奖赛不仅在赛场上热闹非凡，"赛场外的战争"也有愈演愈烈的趋势。甚至可以这么说，即使是不关注漫才的人也会对赛外战场的那场网络语言暴力事件或多或少有耳闻。

2018 年 M-1 日本漫才大奖赛结束后，在决赛第一轮就被淘汰的"超级马拉多纳"组合的武智和"三文鱼腩"组合的久保田，一起在照片墙（Instagram）上发表了一段揶揄决赛评委之一的日本女星上沼惠美子的视频，引起了广泛的关注。

"评委们，希望你们不要只凭个人喜好打分。希望你们能理解，你手中的 1 分就有可能改变一个人的一生。"

"右边的那位阿姨，右边的那位阿姨，大家都烦透你了。"

"右边的阿姨对所有选手都指指点点的，是不是因为到了更年期？"

这段明显嘲笑上沼惠美子的视频在网上引起了巨大的反响，他们两人在不久后公开道歉。然而，在很长一段时间内，获胜的"霜降明星"组合仿佛消失了一般，各方媒体都争相报道这次网络语言暴力事件。

到了 2019 年 M–1 日本漫才大奖赛开始时，再次担任评委的上沼惠美子针对 2018 年的网络语言暴力事件略带嘲讽地说道："我已经克服更年期障碍了。"虽然她看起来应对得游刃有余，但在社交网站上还是有不少人对上沼惠美子的言论持否定态度。

在 2018 年、2019 年的 M–1 日本漫才大奖赛上，上沼惠美子的点评和评分在社交网站上引起广泛热议的原因集中在下面这几项。

2018 年，她曾这样评价过场上的选手："我是'Miki'组合 ❶ 的头号粉丝。与'奔驰'组合自虐式的表演方式不同，'Miki'组合的表演更具有穿透力。"她给"Miki"组合的评分是 98 分（是 10 组选手里面的最高分），给"奔驰"组合的评分是 89 分（在 10 组选手里面排名第 5 位）。给"JaruJaru"组合评分时，她曾这样说："我虽然是你们的粉丝，但我讨厌你们的包袱。"她给"JaruJaru"组合的评分是 88 分（在 10 组选手里面排名第 7 位）。给"Tom Brown"组合评分时，她这样说：

---

❶ "Miki"组合、"奔驰"组合、"JaruJaru"组合、"Tom Brown"组合均为日本搞笑艺人组合。——编者注

"我感觉你们的表演是给未来世界的人看的，像我这样上了岁数的老人实在接受不了。"她给"Tom Brown"组合的评分是86分（在10组选手里面排名第9位）。2019年给"和牛""芥末莲根"组合评分时，她这样说："'和牛'组合的表演过于放松，仿佛这个舞台就是你们自己的一样，是一场个人独秀，丝毫没有大赛该有的紧张感。'芥末莲根'组合的表演让我眼前一亮，真是让我笑出声来了，我能感受到他们强烈的夺冠信心，一定要到达巅峰！一定要获胜！"她给"和牛"组合的评分是92分（在10组选手里面排名第8位）。给"芥末莲根"组合的评分是94分（在10组选手里面排名第4位）。

上沼惠美子心直口快的评论，让不少观众觉得她实在是"狂傲自大""她根本不按客观的评分标准来评判，对自己喜欢的组合就给高分，对自己讨厌的组合就给低分"，社交网站上留言声讨上沼惠美子的人络绎不绝。

上沼惠美子的评语真是有意偏袒吗

关于上沼惠美子是否全凭个人喜好来评分，我们可以用具体数据来证实一下。如果上沼惠美子不是基于客观的评分标准，而是根据自己的偏好独断专行地打分，那么她的评分会和其他评委的大有不同。

让我们重新回顾一下2018年和2019年选手的得分情况。

首先，看一下 2018 年的选手得分情况。表 2-1 中 90 分以上的高分格外引人注目。特别是中川家礼二的评分，他给出的最低分是给"奔驰"组合、"超级马拉多纳"组合和"Tom Brown"组合的 90 分，给出的最高分是给"霜降明星"组合的 96 分，他给所有选手的评分都在 90 分以上。

表 2-1　2018 年 M-1 日本漫才大奖赛的选手得分情况

	评委	巨人	中川家礼二	塙	立川志士	富泽	松本人志	上沼惠美子
搞笑组合	示意图	88	91	85	85	86	83	88
	超级马拉多纳	87	90	89	88	89	85	89
	镰鼬	89	92	92	88	91	90	94
	JaruJaru	93	93	93	99	90	92	88
	奔驰	87	90	89	86	87	86	89
	宇宙	84	91	82	87	86	80	84
	Miki	90	93	90	89	90	88	98
	Tom Brown	87	90	93	97	89	91	86
	霜降明星	93	96	98	93	91	94	97
	和牛	92	94	98	93	92	93	98

我们再来看看上沼惠美子的评分情况，她给出的最低分是给"宇宙"组合的 84 分，给出的最高分是给"和牛"和"Miki"组合的 98 分，最高分与最低分相差 14 分，看起来好像确实有点肆意而为。但我们再看看其他评委的评分情况，立川志士评分的分差也是 14 分（最低分是给"示意图"组合的 85 分，最高分是给"JaruJaru"组合的 99 分），松本人志评分

的分差也是 14 分（最低分是给"宇宙"组合的 80 分，最高分是给"霜降明星"组合的 94 分）。来自"骑士组合"的评委搞评分的分差更大，足足有 16 分（最低分是给"宇宙"组合的 82 分，最高分是给"霜降明星"组合的 98 分）。

这样看来，评分是否公正与分差的大小，好像并无多大关系。那么，我们再把选手的得分用点状图的形式表示一下。从左到右按照选手的总得分由高到低的顺序排列。其他评委的评分用白点表示，上沼惠美子的评分用黑点表示。

如图 2-3 所示，给"和牛""Miki"组合的评分，上沼惠

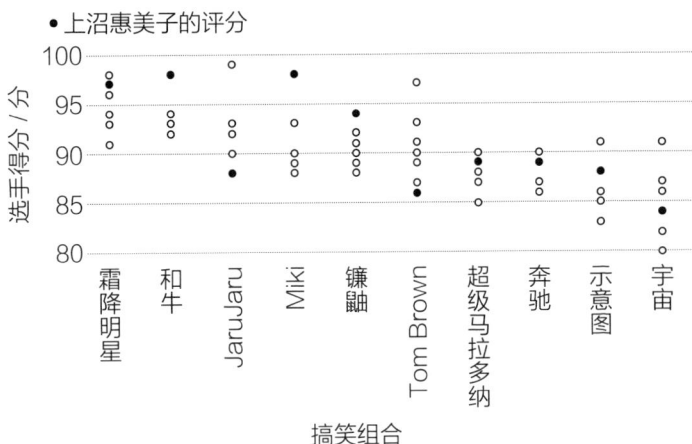

搞笑组合	霜降明星	和牛	Jaru Jaru	Miki	镰鼬	Tom Brown	超级马拉多纳	奔驰	示意图	宇宙
总得分（从高到低）	662	656	648	638	636	633	617	614	606	594

图 2-3 2018 年 M-1 日本漫才大奖赛的选手得分情况点状图和总得分排名

美子确实比其他评委要高，但从整体情况来看，她的评分并没有给各组合的总排名带来多大影响。

接下来我们再看看 2019 年的评分情况（表 2-2）。不知是否是为了鼓励第 2 位登场的"镰鼬"组合和第 3 位登场的"和牛"组合，所有评委还是一如既往地持续打出高评分。上沼惠美子和 2018 年的中川家礼二一样，也是打出了全员都是 90 分以上的高分。

表 2-2　2019 年 M-1 日本漫才大奖赛的选手得分情况

	评委	巨人	塙	立川志士	富泽	中川家礼二	松本人志	上沼惠美子
搞笑组合	纽约	87	91	90	88	88	82	90
	镰鼬	93	95	95	93	94	95	95
	和牛	92	96	95	91	93	92	92
	末广子	92	91	92	90	91	89	92
	芥末莲根	93	90	89	90	93	90	94
	示意图	94	92	94	91	93	91	94
	牛奶男孩	97	99	97	97	96	97	98
	奥斯华尔德	91	89	89	91	94	90	94
	印第安人	92	89	87	90	92	88	94
	PEKOPA	93	94	91	94	92	94	96

最低分和最高分的分差，上沼惠美子是 8 分，立川志士和塙是 10 分，松本人志高达 15 分。和 2018 年一样，我们还是

用点状图的形式标注一下得分。同样地，从左到右按照选手的
总得分由高到低的顺序排列。其他评委的评分用白点表示，上
沼惠美子的评分用黑点表示，如图 2-4 所示。

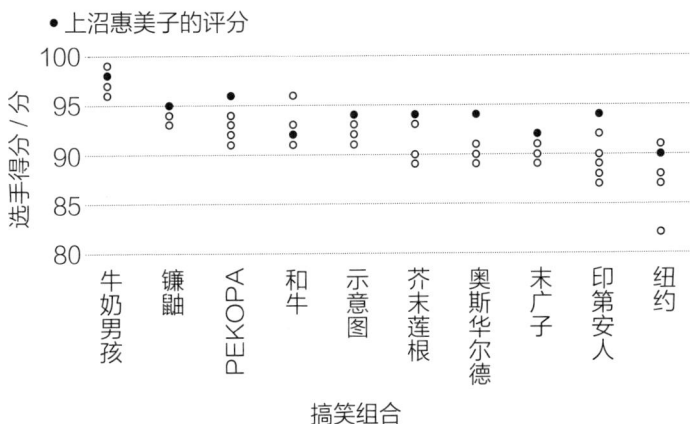

搞笑组合	牛奶男孩	镰鼬	PEKOPA	和牛	示意图	芥末莲根	奥斯华尔德	末广子	印第安人	纽约
总得分（从高到低）	681	660	654	652	649	639	638	637	632	616

图 2-4　2019 年 M-1 日本漫才大奖赛的选手得分情况点状图和总得分排名

见表 2-3，我们特别关注一下排名第 3 位的 "PEKOPA"
组合❶，他们的总得分是 654 分，排名第 4 位的 "和牛" 组合
的总得分是 652 分，相差 2 分。因为 "PEKOPA" 组合与 "和
牛" 组合之间进行的是 PK 赛，很多粉丝认为如果上沼惠美子

❶　日本搞笑艺人组合。——编者注

的评分更公正一些，那排名结果肯定会大不相同。

表 2-3　2019 年 M-1 日本漫才大奖赛中 "PEKOPA" 组合和 "和牛"
组合的得分情况

	评委	巨人	塙	立川志士	富泽	中川家礼二	松本人志	上沼惠美子	总计
搞笑组合	和牛	92	96	96	91	93	92	92	652
	PEKOPA	93	94	91	94	92	94	96	654

那么，我们就用统计学上的主成分分析法，来分析一下这个问题。主成分分析法是什么？简单来说，就是不单单只看 7 个评委的单独评分情况，而是通过线性变换的方式选出 2~3 个重要变量，来分析它们的相关性。

如图 2-5、图 2-6 所示，我们将 2018 年、2019 年的选手得分情况用 2 个坐标轴来表示。横轴是选手的总得分，竖轴是 7 个评委各自的评分。

有意思的是，从 2018 年和 2019 年选手的得分结果上看，上沼惠美子和立川志士的评分位于两个极端的位置上。由此可见，上沼惠美子和立川志士的评分比起其他评委来，确实更独具一格。

我们再来看看立川志士的评分情况，2018 年他给了排名第 3 位的 "JaruJaru" 组合 99 分，给了排名第 6 位的 "Tom Brown" 组合 97 分，2019 年给了排名第 4 位的 "和牛" 组合 96 分，由此可见，他给综合排名并不靠前艺人的评分很高。不仅如此，他在给 "JaruJaru" 组合打 99 分时，曾因其言论而

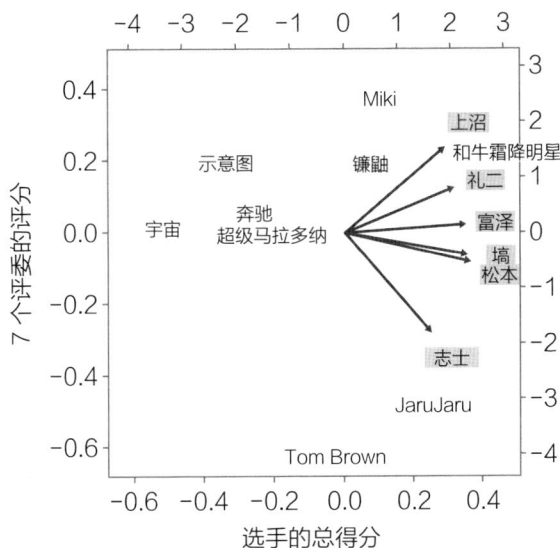

图 2-5　2018 年 M-1 日本漫才大奖赛评分趋势

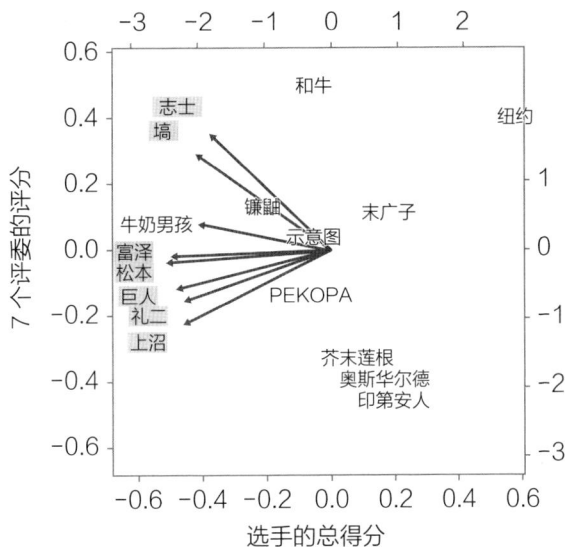

图 2-6　2019 年 M-1 日本漫才大奖赛评分趋势

饱受质疑，他说："虽然我一点都没笑，但是真的挺好笑。"这一言论充分展示了志士的独特评分标准。

从独特性来看，独树一帜的评分标准并不是只有上沼惠美子才有。从分差来看，也并不是只有上沼惠美子看起来喜欢随心所欲地评分。但是，无论是普通观众，还是"超级马拉多纳"组合的武智、"三文鱼腩"组合的久保田，都认为只有上沼惠美子凭自己好恶评分。人们为什么会有这样的感觉呢？

☝ 引起语言暴力事件的"恶魔标签"

评价决策好坏时，根据其最终结果，而不是根据其决策过程来评判，这一现象被称作"结果偏差"（outcome bias）。

结果偏差

含义	正如谚语所言："只要结局好就一切都好。"人们更倾向于从结果来评价某件事，而不是关注事件本身的过程，甚至有人会等结果出来后再去编造有因果关系的故事。
具体事例	在商业领域，我们常常称赞那些在胜率极低的商业竞争中获胜的经营者真有先见之明，却忽略了他们承担了极大的投资风险这一事实。相反，对于那些没有投机，因

而没有获利的经营者，很少听到有人夸他们行动谨慎，大部分人只会批判他们是甘于平庸的胆小鬼。

上沼惠美子有没有只凭自己的好恶评分，从刚才的数据中就足以得出结论了，但是多数人还是宁愿相信社交网站上的结论，而并不去质疑它的真实性。人们总是喜欢搜集那些对自己有利的信息来支持自己已有的想法。这种现象被称为"证实性偏差"（confirmation bias）。

证实性偏差

含义	它指个人选择性地搜集能证实自己假说的信息，而忽略不利或与此矛盾的信息。为了证明自己的观点是正确的，在书上、杂志上或是网上搜索能够证明自己想法的信息，并寻找能证明自己观点的内容。相反，把与自己意见不一致的看法视作"否定自己的东西"，而极力去避免。
具体事例	在新型"是我是我"的电话诈骗中，那些被骗的老年人，总是觉得电话另一头的说话声音或内容与自己记忆中的某人相似，从而相信对方，无论周围人怎么劝说："这是欺诈电话，不要相信！不要汇款！"他也不愿意相信。同样，自己喜爱的偶像或是意见领袖，即使在网上被爆出

大量丑闻，粉丝也会想当然地认为那些都是造谣，选择盲目地支持对方，有时甚至会火上浇油，适得其反。

话说回来，关于上沼惠美子究竟有没有只凭自己的好恶评分这个问题，如果我们不去深入了解她的内心，是不可能找到确凿证据的。但是那些"认为自己的假设就是事实""从未怀疑过自己假设真实性"的人，马上就给她贴上了"胡乱打分"的标签。

被贴上标签的上沼惠美子，十分清楚所有的指控都是毫无根据的，所以她没有做出任何回应，甚至还应邀担任了2019 年 M–1 日本漫才大奖赛的评委。舞台上的上沼惠美子，不仅没有被那些流言蜚语击败，反而在节目中为自己的新唱片卖力宣传，展现了一位艺人该有的修养。上沼惠美子的态度着实令人佩服。她淡定自若，仿佛从未经历过那场网络语言暴力事件一样，这大概是她在长年累月的演艺生涯中磨炼的本领。

反驳本就没有任何依据的指控，不仅找不到任何有用的论点来证明自身的清白，反而会弄巧成拙。那些从不找碴儿，或是愿意原谅对自己有误解的人，都是些气度非凡的人。然而，"话题营销术"却主张切忌采用这样的处理方式。

推销产品，切忌沉默应对消费者或媒体，甚至有人会为了避免被忽视，特意制造话题，借话题热度来炒作产品。即使会议论蜂起，也要不遗余力地将自己的产品推到大众媒体或网络媒体的风口浪尖，以得到最大的曝光率。

那些相信"恶名总比无名好"的人，明知人们有证实性偏差的倾向，也会壮着胆子炒作各种话题。在那次网络语言暴力事件中，如果上沼美惠子第一时间反驳，或在 2019 年 M-1 日本漫才大奖赛的评分中改变自己的风格，反而更会引起非议。

既不否定，也不肯定，这样的处理方式，在需要消费者好感度的食品、药品行业肯定是行不通的。但在以"迎合核心粉丝群体"为中心的电视节目和赛事推广领域是非常有效的。舞台背后，这样的推销方式比比皆是。

这就是拒绝无视，热衷狂热的"话题营销术"。最近，也有不少商家为了博眼球编造露骨的丑闻，这种做法往往会适得其反，这些商家最终因违反相关规定被问责，这样的营销方式，笔者绝不赞同。

了解人们为什么会对负面消息感兴趣的"恶魔心理"，在引起话题这一点上是非常重要的，在本书的最后笔者会为大家详细介绍。这样看来，评委也是个"高危职业"，因为它很有可能受到旁观者的批判。

终极流行语——"男女有别"

有必要给女考生降分吗

2018 年 7 月，东京医科大学帮助日本文部科学省❶科学技术与学术政策局局长的儿子加分达到及格线，以换取政府给予私立大学的利益，最终东窗事发，因赠贿罪与渎职罪遭到起诉。

此事并没有在招生贿赂问题得以解决后终止，东京医科大学后来又被爆出了更大的丑闻。2018 年 8 月，东京医科大学承认学校长期压低女考生的成绩。2010 年在该学校医学部医学科的入学考试中，女考生人数占了 40%，校方为了将女考生录取比例控制到 30% 以内，从第二年开始，采取了提高男考生成绩的优待措施。

只因为性别不同，入学考试成绩就被调整，乍一听简直是难以置信。日本文部科学省迅速对全国的大学进行了调查，结果发现有 10 家大学存在这种秘密调整学生成绩的现象。其

---

❶ 日本中央政府行政机关之一，负责统筹日本国内的教育、科学技术、学术、文化和体育等事务。——译者注

中，日本圣玛丽安娜医科大学❶不仅给女考生降分，还会根据复读次数给复读生减分。

如表 2-4 所示，在学科考试满分是为 400 分的情况下，女考生和复读次数多的考生，最多会被无辜减掉 244 分。这类分数调整法明显带有严重的歧视。

表 2-4　日本圣玛丽安娜医科大学入学考试成绩调整方案

得分	是否复读	男性	女性	男女分数差
180 分	应届	164 分	84 分	80 分
	复读 1 年	144 分	64 分	80 分
	复读 2 年	104 分	24 分	80 分
	复读 3 年	80 分	0 分	80 分
	复读 4 年以上	56 分	-24 分	80 分
	其他	0 分	-80 分	80 分

资料来源：文部科学省。

在预科班❷里，大家对"医学院会在小论文或面试环节优待年轻的男生"这一点心知肚明，但连入学考试都会被秘密加分，预科班里的老师们也是第一次听说这种事。而在一些业内人士看来，调整医学部的考生成绩是不得已的必要操作。

---

❶　于 1971 年设立的日本私立大学。——译者注

❷　教授日本大学里的预科课程，留学生完成 1 年预科后，根据成绩决定能否升入原先选择的院校，也可根据优异的成绩转入其他更好的大学。——译者注

专门负责医生资源配套服务的 M-STAGE 公司（总公司在东京都品川区）对在职的医生进行调查时发现，对"东京医科大学降低女考生分数"这一事件，持"能够理解"或是"在一定程度上能够理解"态度的医生占到 65%（该调查的有效回答数为男女医生共 103 人）。

为什么大部分在职医生都认为给女考生减分这一政策是可以被理解的呢？其中最大的一个理由就是女医生的离职问题。同其他职业的女性一样，女医生结婚后也会面临生产、育儿问题，需要休产假、育儿假。虽然日本认可女性的产假和育儿假，但在医疗行业，重要的医生离职会给其他医生或整个科室带来混乱。虽然女性在其他行业休产假也会带来同样的问题，但是拥有医生从业资格证书的人本身并不多，人才市场上也不可能随便就能招聘到替补医生。这样看来，在医疗行业内部，歧视女性医生的现象比比皆是。

从图 2-7"取得医生从业资格证书后每年的在职情况"来看，女医生在取得医生从业资格后第 12 年，在职率出现了明显下降。一般而言，获得医生从业资格证书的平均年龄是 26~28 岁，12 年后正好是女性的生产或育儿的高峰时期，因生产、育儿而离职的女医生最高能达到 15% 的比例。

在厚生劳动省❶的"2017 年医疗设施（静态、动态）调查

---

❶ 日本负责医疗卫生和社会保障的主要部门。——译者注

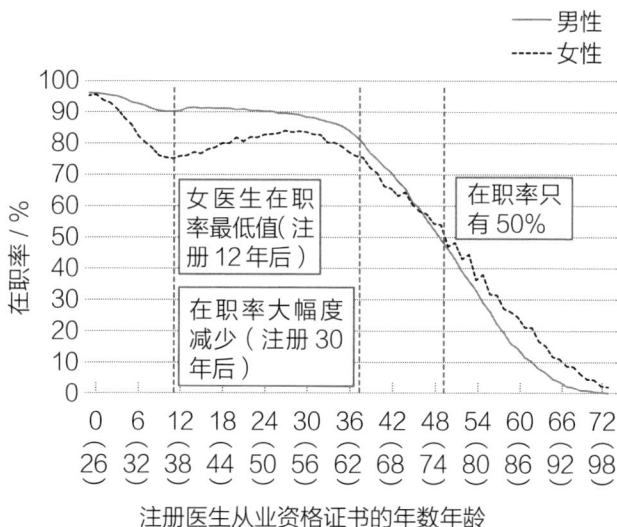

图 2-7　取得医生从业资格后每年的在职情况

资料来源：厚生劳动省（2018 年）。

及医院报告"中显示，在医院的主要就诊科室中，专职女医生居多的是内科（约 7064 人，图 2-8），但从男女比例来看，女医生只占内科医生总数的 19%（图 2-9）。如果将专职男女医生人数限定在 1000 人以上，女性人数占比按照由高到低的顺序排列，依次是皮肤科、妇产科、眼科和麻醉科。但这几个科室都是医生人数相对较少的科室，从医生人数最多的内科来看，男性占比明显多于女性。也许最大的一个原因就是女医生需要休产假。从医疗行业的现状来看，我们可以理解急需男医生的原因，但因此在入学考试中采取不公平的减分政策，真的没有问题吗？

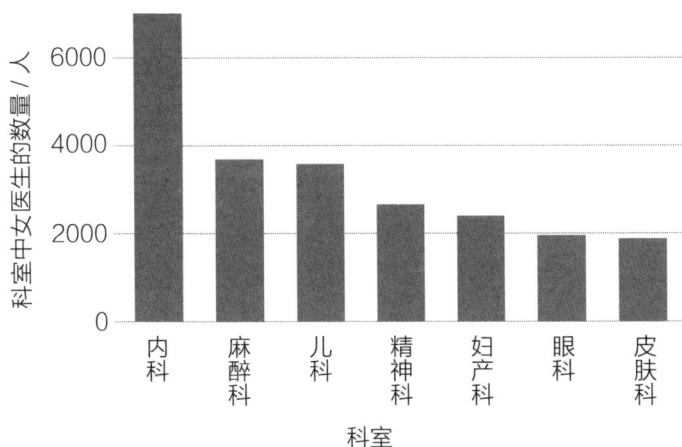

图 2-8　不同科室中女医生的数量

资料来源: 厚生劳动省 "2017 年医疗设施 (静态动态) 调查及医院报告"。

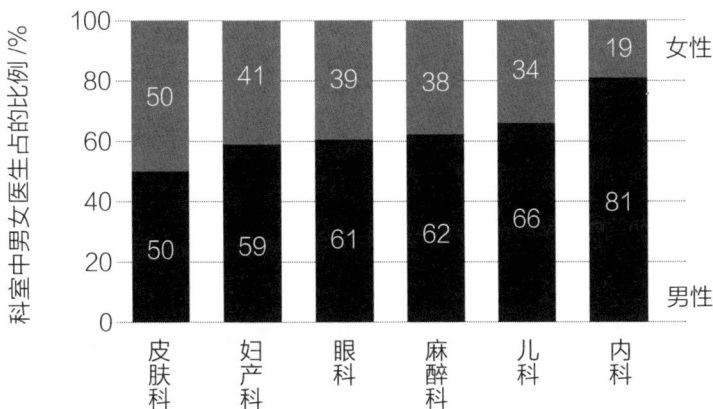

图 2-9　不同科室中男女医生占相应科室总人数的比例

资料来源: 厚生劳动省 "2017 年医疗设施 (静态动态) 调查及医院报告"。

🖐 人们为什么倾向于貌似合理的意见

2019 年，经济合作与发展组织（OECD）的医疗评估报告
显示，日本每千人口医生数为 2.4 人，在经济合作与发展组织
的 36 个成员国中排名第 32 位，是七国集团（G7）成员国中
配套医生数量最少的。

据厚生劳动省预估，到 2033 年，日本的医生数将达到 36
万人（每千人口医生数达到 3.1 人），依然低于经济合作与发展
组织成员国目前的平均值 3.5 人，实际情况并没有改善的迹象。

目前，日本医疗行业人手不足的问题已经到了极其严重
的地步。2017 年，一份关于"医生目前工作实态及工作意向"
的问卷调查（有效回答共 15677 份）显示，20~29 岁的男医生
平均每周工作 57.3 小时（表 2-5）。这一时间仅仅是他们的
日常工作时间，不包括值班和待岗时间（随时待命，以免出
现人手不足的紧急情况），值班和待岗时间每周平均为 18.8
小时。

表 2-5　医生的平均工作时间（全职）

性别	年龄 / 岁	出诊时间 / 小时	值班时间 / 小时
男性	20~29	57.3	18.8
	30~39	56.4	18.7
	40~49	55.2	17.1

续表

性别	年龄 / 岁	出诊时间 / 小时	值班时间 / 小时
	50~59	51.8	13.8
	60~69	45.5	8
女性	20~29	53.5	13
	30~39	45.2	10.7
	40~49	41.4	9
	50~59	44.2	7.8
	60~69	39.3	3.4

资料来源：厚生劳动省"2017 年医生目前工作实态及工作意向"。

如果按照每周工作 5 天来计算，医生每天大约工作 11 小时（一天有 8 小时的日常工作时间 +3 小时的值班和待岗时间），而这只是平均值而已。达到过劳死极限（每周工作超 80 小时）的医生也大有人在，每周工作 60 小时以上的男医生占 27.7%，女医生占 17.3%（图 2-10）。

医生高负荷工作常态化，最主要是因为医院人手不足。医生原本就属于高精尖人才，在接受完 6 年的高等教育后，还要进行专业培训，因此短时间内很难培养出一名合格的医生。

针对医生工作时间过长的问题，日本计划从 2024 年开始实施的医疗行业"工作制度改革建议"中，明确规定了正常工作时间外的劳动时间上限，而医生的工作时间依然高于普通劳动者，平均需要一年工作 960 小时，一个月工作 100 小时，而

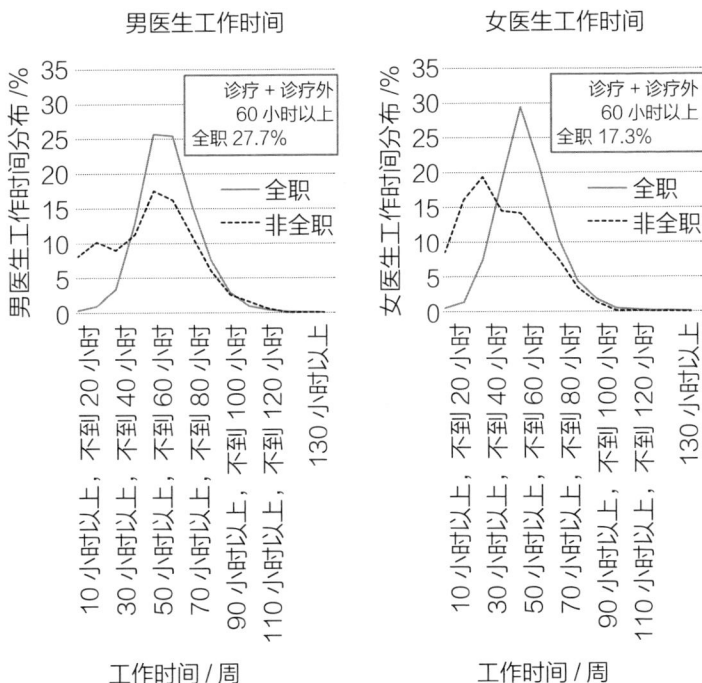

图 2-10　男女医生工作时间分布图

资料来源：厚生劳动省"2017 年医生目前工作实态及工作意向"。

没有从根本上解决医生工作时间过长的问题。

　　这样看来，正是在医生人手不足的问题日渐严峻的大背景下，女医生休产假、育儿假的现象才显得格外刺眼，这也是她们被拒之门外的主要原因。应该有不少人认为，医生人数本来就严重不足，女医生半路撂挑子就更麻烦了，还是多招男医生好。那么，如果想从根本上解决人手不足的问题，究竟该怎样做呢？

"通过给女考生减分，来增加男医生的数量"这种愚蠢的做法是不可能从根本上解决问题的。增加医生的绝对数量，提高就诊效率，减少重复无用功的工作才是上策。

这些措施并不难做到，只要我们认真想一想，很快就能得到答案，那么为什么还是有很多人一致认为需要通过减少女医生的数量，增加男医生的数量来解决问题呢？我们可以用"无意识偏见"（unconscious bias）来解释。

无意识偏见

含义	它指在无意识的情况下持有的偏见或是先入为主的观念，受个人经验、习惯或周围环境的影响，人们容易在不知不觉中做出"理应如此"的决断。
具体事例	我们在生活中常听到的"理科生的人际沟通能力差""上了岁数的人不会用电脑""现在的年轻人一点毅力都没有""男性的体力明显优于女性"等先入为主的观念，这些都是无意识偏见的典型代表。即使某个理科生的人际沟通能力差，也不代表所有理科生的人际沟通能力都有问题。带有无意识偏见的人喜欢将主语扩大化，根据自身经验来轻易断定某事。

女性的工作能力不如男性，因此必须降低女考生的成绩。这个看似合理的意见，其实是带着个人先入为主的观念做出的错误判断。

真正解决问题的方式有很多，为了女医生离职后不至于引起职场混乱，我们可以增加医生的绝对数量，可以采取节省人力的数字化运营模式，或是采用机械化运营模式等。不考虑真正的解决方法，而是通过不公平的调分操作来试图解决人手不足问题，在笔者看来，这既不合理又不合法。但是，如果把改分认定为是那些有严重性别歧视的人的恶行，那也只是看到了事实的一面。那些认可不公正改分政策的医生，并不是出于歧视女性的恶意，而是认为这是防止医疗系统崩溃，不得已所采取的措施。

从结果来看，这一措施明显是不合理的，与其说这是由于男性医生严重的性别歧视导致的，不如说他们也是被命名为偏见的恶魔所囚禁的人类，这也许更接近事实。

虽然差别对待别人是不公平的，但只是一味指出"差别对待别人是不合理的"也不可能改变目前的窘境。问题的关键在于偏见为什么不会消失，这样想来，大家应该就会明白产生偏见，至少部分是因为受到了偏差的影响。

如果把原因归结于偏差带来的区别对待错误，除了认识到错误自身，我们也会积极寻求能够改变的措施，就有可能发现更加具体有效的解决对策。

事实上，美国正在进行的"管理无意识偏见"（Managing

Unconscious Bias）训练项目，就是一项旨在消除先入观念，克服偏见的训练，大有流行开来的趋势。脸书上以"管理无意识偏见"为主题的讲座面向公司内外的所有群体公开，谷歌上名为"无意识偏见工作篇"的 90 分钟训练项目有 60000 人参加，美国法务省的同类项目更是培训了 28000 人。

人们为什么更倾向于维持现状

认可减分操作的医生，一边明知区别对待别人是不公平的，一边又觉得减分是必要的对策。至于原因，多数人认为"过去一直是这样的""我觉得今后也不可能改变"，由此可见，大部分人还是非常认可过去的状态。这种决策倾向又被称为"维持现状偏见"（status-quo bias）。

维持现状偏见

含义	比起得到的好处，人们更害怕承担失去的风险，所以更偏向于维持现状，不做任何改变。脱离现状寻求新环境，不仅要花费大量时间和金钱，还伴随着未知风险，因此人们觉得还是维持现状为好。变化后不可预知的未来才更令人惴惴不安。

具体事例 | 明知跳槽也许会有更好的发展空间；明知换个电话、换个保险，应该更省钱；明知引入新设备可以提高生产效率。即便如此，也不愿意做出任何改变，就是因为害怕变化后会有损失的风险。

"现状就是如此，存在即合理"，持有这种观点的成年人不在少数。对于我们认可的现状，即使是社会上的陈规旧习，只要不改变，就不会有什么大的损失，大多数人习惯这样想。然而，由于人类偏见而导致的"无端性歧视""背地里偷改成绩的不公平入学考试"，像这样的社会罪恶行为，如果一直被整个社会持续认可下去，带来的负面影响远比我们想象得多。不公平入学考试事件之所以引起强烈的反响，就是人们对差别待遇的不公平行为深感愤怒。正如上文所说的，愤怒可以驱动社会行动。如果我们可以巧妙地利用愤怒这个人类的"恶魔心理"，就很有可能激发出巨大的潜力，来解决像医生人手不足这样的社会长期积弊问题。

尽情地表达你的愤怒吧。没有愤怒，世界将不会改变。

第 3 章

人是懒惰的生物

寓言故事 3:《龟兔赛跑》

很久以前,有一只生活在村庄里的兔子。

一天早上,乌龟向兔子问候:"早上好呀,兔子。"兔子想嘲笑一下乌龟,于是回应道:"问早上好,不觉得奇怪吗?"

乌龟询问理由,兔子回答:"因为现在已经不早了呀。"

"慢慢走也没什么不好的。"

"不对不对,肯定是快了好。"

乌龟和兔子一言不合,就吵了起来。于是,乌龟和兔子为了比一比谁更快,决定来场比赛。谁先跑到山顶,谁就获胜。

比赛一开始,兔子噌的一声飞奔而出,一会儿工夫就把乌龟甩得无影无踪了。比速度,毫无疑问是兔子更快。看到乌龟爬得实在太慢了,兔子决定先休息一会再说。然而,它一不小心就睡着了。乌龟在兔子酣睡的时候仍然不停歇,一步步坚定地朝终点爬去。

虽然兔子看不起慢吞吞的乌龟，但乌龟还是慢慢超过了兔子。结果麻痹大意的兔子睡醒时，乌龟早已到达了山顶。

这就是《龟兔赛跑》的故事。这则故事告诫我们不论能力怎样，只要你心无旁骛、坚持不懈地努力，就一定能够成功。但每当我看到这个故事，总忍不住想问：怎么可能会有这么愚蠢的事！兔子睡着本就是偶然事件，乌龟获胜更是一件偶然事件。如果兔子没有出错，不管乌龟多么努力，都注定输得一败涂地。

用小概率偶然事件来教育人们，只要努力就会获胜，这在笔者看来毫无说服意义。从某种程度上讲，这也并不是一个好的教育题材。

《龟兔赛跑》的寓言故事从明治时代开始就是初中语文教科书中的重点。教科书中的故事标题是"切勿麻痹大意"。这样看来，兔子如果不大意，就一定能够获胜。

昭和时代❶日本的美德，可以说就是"不休息"和"拼命工作"。在日本人拼命工作的大背景下，兔子独树一帜的休息

---

❶ 日本第 124 代天皇裕仁在位使用的年号，为日本第 246 个年号，使用时间为 1926 年 12 月 25 日至 1989 年 1 月 7 日，是日本各年号中使用时间最长的，合共 64 年。——译者注

战法，反而更令笔者印象深刻。

　　对今天的日本人来讲，学会适当休息、适度生活的健康生活方式是非常重要的。然而，对勤于工作的日本人来讲，做到适当休息并不是一件容易的事。想要做到"适当休息""适当放手"，就必须直视自己的欲望，即在内心深处，认可自己想偷懒的真实想法。然而，对于那些已把自己设定为勤劳人设的人，不能承认或不想承认自己是懒惰的，于是就出现了超负荷工作、损害自身健康的例子。败给乌龟的兔子，自始至终都对自己的要求过于宽松。但兔子的战术，不正是该放手就放手的"令和法则"吗？

因听到真心话而欢呼雀跃的人们

成年人真能区分真心话和场面话吗

旨在愉悦身心的小田原希尔顿酒店的度假之旅，给了笔者一段难忘的经历。

小田原希尔顿酒店是日本为数不多的可以携带宠物入住的酒店。在笔者居住的房间中甚至准备了宠物专用物品，酒店内还有狗狗们的活动场所。室外空气清新，星空美丽，笔者在酒店里确实度过了极尽奢华的一天。

当笔者心情愉悦地退房后，走廊里的工作人员向我问候道："感谢您的惠顾。如果您时间允许，能不能给我们的服务评个分？"他顺势递给笔者一张评分表，满意程度用从0~10的打分来体现。

笔者瞬间反应了过来，这应该就是弗雷德·赖克哈尔德（Fred Reichheld）提出的客户忠诚度调查，即用净推荐值❶

---

❶ 又称净促进者得分，亦可称口碑，是一种计量某个客户将会向其他人推荐某个企业或服务可能性的指数。它是最流行的顾客忠诚度分析指标，专注于顾客口碑如何影响企业成长。——译者注

（NPS）量表来计量某个客户将会向其他人推荐某个企业或服务可能性的指数。

净推荐值以"你有多大可能把我们（或这个产品、服务、品牌等）推荐给朋友或同事"作为题面，让客户在 0~10 之间来打分，将答题者划为三类：评分在 0~6 分之间的客户是贬损者，评分在 7~8 分之间的是被动者，评分在 9~10 分之间的客户则是推荐者。净推荐值就等于推荐者所占的百分比减去批评者所占的百分比。

净推荐值越高，意味着产品或服务越好，如产品或服务的口碑好、长期使用的客户多、企业有一个良好的增长趋势等。然而，当着酒店工作人员的面实在很难打出一个低分来，所以笔者犹豫了片刻，给出了 10 分。工作人员满脸笑容地向我致谢。虽说这是家不错的酒店，但给满分 10 分，虽不是在撒谎，也绝不是内心的真实分数，只是所谓的场面话而已。

最能区分场面话和真心话的当属京都人了。"您孩子的钢琴真是越弹越好了"，这句话的潜台词是"钢琴声太吵了"。不是深谙场面话和真心话之道的人，绝对解读不出这句话背后的真实含义。

这绝不是大阪出身的笔者在诋毁京都人。日本民众对京都人的普遍印象就是他们深谙语言之道。这可能是由京都人独特的气质、方言差异所导致的。能够如此娴熟地区分出真心话和场面话，也从侧面证明了京都人高超的人际沟通能力。

京都人的例子稍许有些夸张，能够区分出场面话和真心话，即能够听出话外音，是成年人沟通的必备技能之一。当然，如果我们净说场面话，绕来绕去的，听话人和说话人都会觉得疲惫不堪。如今，在电视节目或娱乐节目里，那些敢于讲真心话的角色反而更受欢迎。像之前的毒蝮三太夫、彼得武、绫小路君麻吕，都是凭借敢于讲真话的"毒舌"本领，在电视节目中逗得观众们开怀大笑。最近的电视节目中，讲真心话的、直言不讳的"毒舌"式表演形式也颇受欢迎。像最近爆火的贵妇松子、高嶋知佐子、板上忍、六代目神田伯山等，都是凭借敢讲真话和"毒舌"的演出风格而备受观众喜爱的。

堀江贵文的坏话为何如此受欢迎

在商业报道或商业书领域，一提到因口无遮拦或"毒舌"而闻名的人物，我想大家都会想起堀江贵文先生。在尤其需要注意"区分真心话和场面话"的商业领域，堀江贵文就是一个特立独行者，他一直秉承着"讲真话"的处世理念，曾直言不讳地说："工作就是为了挣钱，而不是为了工作意义这样虚无缥缈的东西。"

除了堀江贵文先生，笔者想不出还有谁能一边犀利吐槽，而一边又大受欢迎。在笔者对堀江贵文所著的 102 本书（2003 年至 2019 年）中的标题和腰封进行文本挖掘（一种从大量文本数据中挖掘趋势或特征的技术）时发现，他在语言的使用上有以下三个主要特征。

第一，带有否定含义的字词使用的次数最多。翻开堀江贵文的书，会发现书中否定句的使用频率格外高。如在腰封中写"除了优化时间，没有其他办法"（摘自《堀江贵文的生命论》）、"没有时间留给傻瓜"（摘自《时间革命：不要浪费你的每一秒钟》），以及在书的标题中写"不怕被人讨厌的突破力！"或"真实生活：不浪费你生命中每一秒的超强生活方式"等，否定表达比比皆是。

第二，与钱有关的词出现的频率高，如"钱"（16 次）、"挣钱"（10 次）、"富"（6 次）。日本国立国会图书馆的查询数据表明，从 2000 年至 2019 年的 20 年间出版的全部图书中，标题中含有"钱"字的书有 4621 本，含有"赚"字的书有 871 本，含有"富人"这个词的书有 790 本。除此之外，书名中含有"工作"（21 次）这个词的书，有 12626 本，含有"人生"（16 次）这个词的书，有 14866 本（表 3-1）。由这些统计数据可知，堀江贵文擅长写有关"金钱"的书，而这类书比有关"工作"和"人生"的书要少得多。

表 3-1 堀江贵文的书名中出现的单词

出现单词	出现次数
不	46

续表

出现单词	出现次数
工作	21
时代	18
堀江贵文	18
钱	16
人生	16
差别	15
活着	14
思考方式	12
日本	12
时间	11
生存方式	11
赚钱	10
成功	10
改变	10

第三，频繁使用负面词语，如"愚蠢"（5次）、"厌恶"（5次）、"白白送死"（2次）。他在名为《白痴的最强生存法则》一书中，将"白痴"赋予正面含义。但是，在《不要与白痴交往》《花光所有的钱，你就会和存钱的白痴一样穷》等书中，"白痴"这个词又显然以负面含义出现。如果我们可以理解堀江贵文不说漂亮话，只说大实话的个性，就能理解"白痴"为

什么在他的书里既可以是正面含义，又可以是负面含义了。这种独特的语言使用方式是别人无法模仿的，也正是堀江贵文独特的"魅力"所在。

如果说，这就是堀江贵文被狂热追捧的原因，我想不少读者会大吃一惊吧。心理学家弗里茨·海德（Fritz Heider）提出的"平衡理论"（balance theory）就可以很好地解释这一现象。

平衡理论

含义	在人际关系中有 3 人或多人的情况下，3 人之间试图保持平衡状态。
具体事例	如图 3-1 所示，假设 A 先生和 B 先生正在谈论一个主题 X。如果 A 和 B 都认为 X 是"好的"，那么 A 和 B 之间的关系就是良好的。反过来，如果 A 和 B 都认为 X 是"坏的"，那么 A 和 B 之间的关系也能保持良好。然而，如果 A 将 X 评价为"好的"，B 将其评价为"坏的"，那么 A 和 B 彼此之间的关系就不融洽了。 如果 A 想和 B 好好相处，他就必须改变自己的评价，或者让 B 改变他的评价。

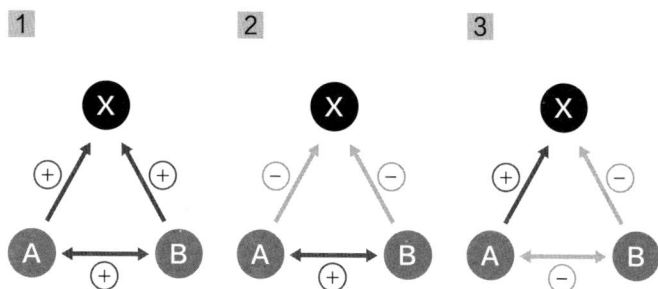

图 3-1　平衡理论

平衡理论中有一个十分有趣的现象：在同时评价为"好的"人之间，和同时评价为"坏的"人之间，都有可能建立良好的人际关系。人们可以通过说坏话来建立良好的关系，甚至会觉得意气相投。例如，谈论他们不喜欢的名人、不喜欢的电影或不喜欢的职业棒球队。有人说，"喜欢的反面不是讨厌，而是漠不关心"，这绝对是真理。喜欢也好，讨厌也罢，都是因为关注某件事，就如一枚硬币的正反面。如果没有关注，就没有好坏之分。

同理，如果你在对某事感觉"好"的人面前，说某事"坏"，那往往会破坏你们之间的人际关系。成年人很清楚这一点，就像分享一个共有的秘密一样，有时人们会在背后偷偷分享他们不喜欢什么。

当然，堀江贵文不是那种会在背后偷偷说人坏话的人。他不仅会说某人某事"好"，也会毫不避讳地说某人某事"坏"。从某种程度上讲，坏评价也相当于一种恶语或恶言，但对那些有同样糟糕感觉的人来说，他的发言又是恰到好处的。人们的好恶并不相同，任何事物都有人讨厌也有人喜欢。日常生活中，因为吐槽而相互萌发好感的案例不是很多吗？

为了成功打破现有的价值体系，即使是当权者，有时也不得不放下身段，和同盟一起，大谈特谈旧价值体系的可笑之处。其实，从平衡理论的角度看，产生共鸣才是取胜的王道。

罗兰与堀江贵文的共同点

当然，也有人觉得直言不讳的堀江贵文纯粹是夸夸其谈或自负。

在这里，笔者想给大家介绍烦恼中的一种——"慢"，即含有傲慢之意的人生烦恼，它的本意是"误认为自己生性优越而高度自负"。也许有些人马上就说了："这个词用来形容堀江贵文再合适不过了。"而在笔者看来，堀江贵文完全不是夸夸其谈之人。

读读他的书你会发现，堀江贵文一直强调：想要成功，你必须付出超乎常人的努力。我相信他自身也付出了很多努力，才取得了今天的成就。一个不努力的人怎么可能每年出版十多本书呢？仅凭这个事实，就足以说明堀江贵文绝不是一个夸夸其谈之人。

同样的，"公关界的帝王"——罗兰，其受欢迎程度丝毫不亚于堀江贵文，这也是源自罗兰那超乎常人的努力。罗兰能够摘得"日本男公关界帝王"的桂冠，离不开他付出的超乎常人的努力。电视节目上的罗兰也表现出了极强的沟通能力，长年累月认真工作带给他的自信，让他无论面对谁都有办法让对方感到舒适和愉悦。因为他努力工作，所以他自信。因为他自信，所以他秉持着名言——"世上只有两种男人，就是我及我以外的男人"才会令人信服。

同样的话，有些人说出来会令人信服，有些人则不会。毕竟，我们做出判断时不仅要看说话内容，还要看说话的人。交谈的意义不只有内容，还要有说话方。

成功人士才拥有的魔鬼般的说服力

堀江贵文是一位成功的企业家和电视名人，因此，无论他把对手称为"白痴"也好，还是批判那些因循守旧的人也好，我们都会觉得成功人士的意见值得一听。换成罗兰也一样，作为新宿歌舞伎町公关界的"帝王"，即使他的说话方式有些低俗，也一定是基于他丰富的待客经验吧，人们总是这样想当然地认为。

当然，也有人认为，听这些成功人士的发言对自己并没有什么实质性的帮助，还不如听听那些失败者的声音。因为这些人明白"幸存者偏差"（survivorship bias）的道理，所以他们不认为只有成功人士的意见才是正确的。

幸存者偏差

含义	在评估某个特定的事件或措施时不记录失败的案例，或故意对失败的案例视而不见，只能看到成功案例的倾向。如幸存者的证词会受到重视，死者因无法发声而逐渐被遗忘，最终幸存者的证词被当成了整个事件的全貌。
具体事例	《日本经济新闻》有个非常有趣的连载栏目，名为《我的简历》，各行各业的成功者都在节目中现身说法，但是，即使你完全复制他们的模式也未必会成功。而且，很多成功案例中包含了许多特殊因素或偶然因素，可复制率极低。即便如此，也有很多人认为"他们能成功，我也行"而一味地模仿复制别人的成功路线，结果却一无所获。

受幸存者偏差的影响，某事的说服力也许会倍增，这也并不意味着幸存者的话不够真实。我想向大家事先声明一点：我并不是极端地认为幸存者的话毫无用处。

堀江贵文也好还是罗兰也好，我们往往都只注意到了他们成功人士的身份，而忽略了他们在成功之前所付出的艰辛努力。除此之外，针对成功人士，"结果偏差"的影响也在起作用。一些人觉得成功人士是天赋异禀，而作为普通人的他们从一开始就选择了放弃。这样做实在是浪费了每一个人的聪明才智。

在笔者看来，堀江贵文和罗兰不只通过与他们的粉丝共同面对同一敌人的策略来引发彼此间的共情，还通过世间怯懦之人无法企及的积极行动来提高自身的权威。

人们很容易受到权威的影响。如果是成功人士的权威，那影响更甚。我们是如此软弱，以至于会只根据成功人士的意见来做决定。具有恶魔般说服力的话，大概就是"你这样做就一定能成功"。

努力工作，自然会成功——这九个字大概就是你能从成功人士那里学到的全部。

人性的黑暗面——"想偷懒"

😊 "三大件"为什么会大受欢迎

20 世纪 50 年代末，第二次世界大战后的日本拉开了新时代的序幕，黑白电视、洗衣机、冰箱这三种生活用品曾一度被吹捧为战后生活必需的"三大件"。

日本政府《消费趋势调查》报告显示，在 1957 年，这三种家电的普及率如图 3-2 所示，没有超过 20%。

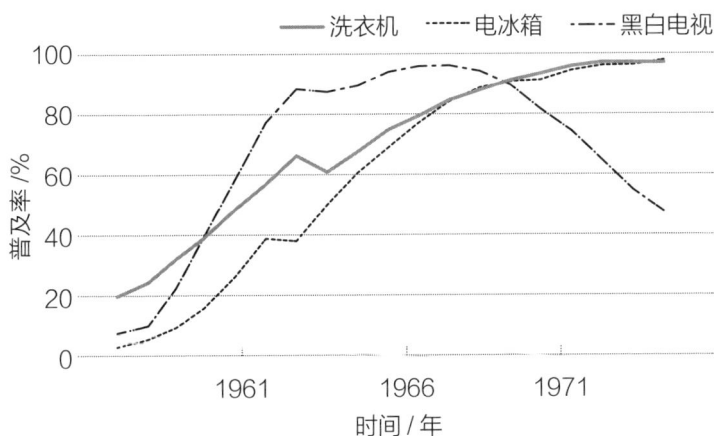

图 3-2 "三大件"的普及率

资料来源：内阁府《消费趋势调查》。

从 1954 年的神武景气 ❶ 开始，日本经济进入飞速发展期，到 20 世纪 60 年代中，"三大件"不再只是梦想，变成了人人只要努力，就能得到的商品。

随着时代的发展，到了 20 世纪 60 年代末，彩电、空调和汽车这三种生活用品又被吹捧为"新三大件"。"新三大件"的宣传力度虽然没有"旧三大件"高，但这一理念也在逐渐渗透进人们的日常生活，20 世纪末，"新三大件"的普及率超过了 50%（图 3-3）。

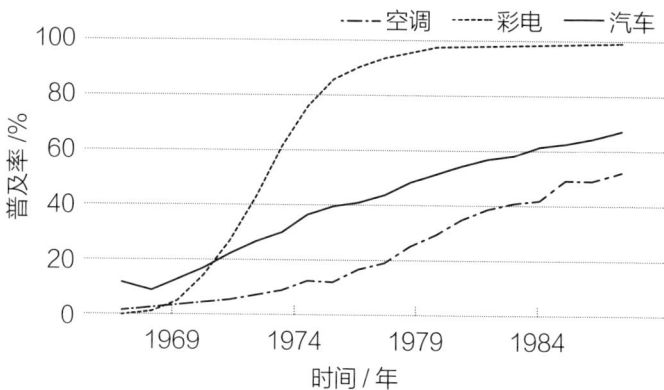

图 3-3　"新三大件"的普及率

资料来源：内阁府《消费趋势调查》。

---

❶ 指日本的经济复苏现象。1956 年，日本制订"电力五年计划"，进行以电力工业为中心的建设，并以石油取代煤炭发电。这使日本经济不仅完全从第二次世界大战中复兴，而且进入积极建立独立经济的新阶段。1954 年至 1957 年，日本出现了第一次经济发展高潮，日本人把这个神话般的繁荣称为神武景气。——译者注

这一时期有明确的消费者需求，就是"希望做家务（洗衣、吃饭）能更省事""能更舒适地生活"。因此，在产品的开发过程中，"制造什么样的产品"这一问题的答案相当明确，产品的竞争力只集中在如何降低生产成本，以及如何扩大生产这两个领域。

之后，日本的泡沫经济到达巅峰，消费者的需求也得到了极大的满足。换句话说，消费者的需求不再像过去那样明确，日本进入了一个完全不同的时代，除了功能和价格，其他因素正在决定一个产品是否会成为热门产品。

即使在这样的时代，也有像"三大件"一样普及率迅速增长的生活用品。20 世纪 90 年代的智能马桶、个人计算机、手机以及 21 世纪初的智能手机，就是这类大受欢迎的生活用品。

拒绝轻松的"老顽固"

消费者明明有需求，某些产品的市场却没有被推广开来，最典型的代表当属洗碗机了。如图 3-4 所示，与智能手机等其他设备相比，洗碗机的普及率不到 40%，可以说时至今日，它仍然没有被普及开来。洗碗机可以将洗碗的复杂过程完全交给机器，给人们的生活带来便捷，那么，它为什么没能流行开来呢？

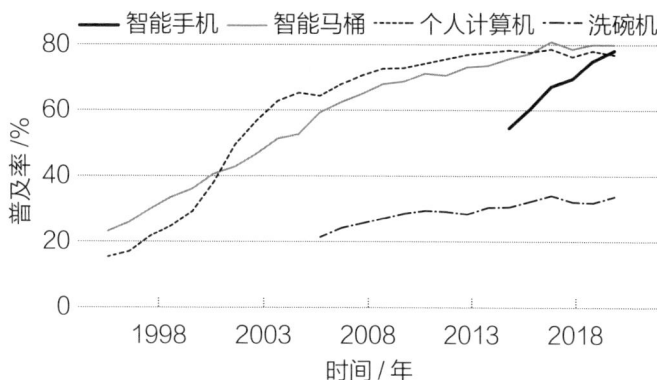

图 3-4　智能家用电器的普及率

资料来源：内阁府《消费趋势调查》。

松下公司在 2015 年 7 月发布的最新市场调查显示，人们不购买洗碗机最常见的理由是他们的厨房里没有能够放置洗碗机的空间。的确，过去完全没有洗碗机的概念，这也难怪老房子里没有为洗碗机预留的空间。其他的理由有"觉得洗碗机是奢侈品""虽然家庭主妇想买，但是她们的丈夫或婆婆不同意"以及"家庭成员不愿意购买"。这一点就非常有趣了，似乎总有些人认为我们并不需要更舒适的生活。

人人都觉得过去的日子好

人们不一定能记得过去的原貌，即使你告诉他们用洗碗机可以让生活更轻松一些，也总会有些人歪曲他们的记忆，认为"洗碗本就没有那么困难"或"我们都是这样过来的"（言外之

意，你也应该经历同样的磨难）。如果家里是婆婆做主，这种
情况就更严重了。这就是"玫瑰色回顾"（rosy retrospection）
倾向带来的影响。

玫瑰色回顾

含义	即忘记过去记忆中印象不好的事件（如不愉快的或痛苦的事件），只记住印象良好事件的倾向。
具体事例	当成年人之间发生争吵时，调解人可能会安慰他们："时间会解决一切。"这正是因为人们心中都有"玫瑰色回顾"的倾向。随着时间的推移，不好的记忆会被忘却。同窗会时，谈论过去的事往往能使气氛热烈，正是这个道理。

虽然用手洗碗并不总是一个好的回忆，它可能很"麻烦"
或"让手变得粗糙、疼痛"，但是人们往往只记得住愉快的记
忆，如与家人团聚在一起吃饭时的幸福时光，这就有可能使人
们对做饭和洗碗也产生好的回忆。

此外，像洗碗这样每天都反复进行的习惯性行为，人们
往往会低估它们的影响。这种现象被称为"熟悉路线效应"
（well travelled road effect）。

熟悉路线效应

含义	它指人们会低估采用熟悉路线的时间，高估采用陌生路线的时间。同理，人们倾向于低估通常情况下完成任务所付出的努力，而高估首次完成任务所付出的努力。
具体事例	你是否有过这样的经历：第一次做某项工作时，预估的时间比较多，做起来时间充足，而做多了就觉得这项工作可以在半天内完成，结果还是花了一整天时间。同理，当你在同一条路上走了很多次后，你可能会觉得走这条路所需时间变短了。这是因为你最初判断的所需时间由于"熟悉路线效应"的影响估长了，其实无论你通过这条路多少次，需要的时间都相差不大。最多就是熟悉后，走得更快一些罢了。

　　如果你已经洗了几十年的碗，可能会认为"洗碗的劳动量并不大""没必要去买昂贵的洗碗机来省力"。从"玫瑰色回顾"和"熟悉路线效应"带来的影响看，人往往有被过去的成功所"俘虏"的倾向。经济泡沫破裂后的很长一段时间，日本经济一直处于低迷状态，那段时期又被称为"失去的三十

年 ❶",其中一个很重要的原因就是日本受制于经济高速增长期到经济泡沫初期的成功经验,未能及时调整,转而开发新技术或新服务。

同样的情况也出现在代沟隔阂中。对现在的年轻人来讲,一提起"过去繁荣的日本经济"就像是咒语一般,使他们联想到上一代的不作为或疏忽大意,以至于到了当今的令和年代,还有很多年轻人对具有强烈昭和时代价值观的公司印象不好。

不仅是日本企业,整个日本社会都认为"直奔主题,规避困难"或"贪图享乐"是罪恶的,而"忍受不愉快的事"或"毫不松懈,拼命努力工作"是好事,这甚至被认为是一种美德。

那些"黑公司"正在扭曲日本人的价值观。"黑公司"常常通过让人们熟记公司理念或高度评价那些从不请假的人的方式,来对员工进行洗脑。这样一来,员工们就无法对违反《劳动基本法》,迫使他们以不合理的低工资长时间工作的恶劣工作环境提出质疑了。

如果你不幸置身于这样的环境中,你要明白过度努力工作并不是一件好事。在某些情况下,它甚至会危及生命。"努力工作"这一美德,由于环境的不同,也可能成为一种危险的

---

❶ 指 1990 年至 2020 年,日本的国内生产总值(GDP)一直原地踏步的 30 年。——译者注

想法或不好的教义。

规避困难或图省事，乍看起来是懒惰、懒散的表现，但它也有好的一面，从提高工作效率，不耗费全部精力，保存体力这一角度来看，无疑就是件好事。

最近，日本整体经济生产力低下的问题时常被诟病，但如果我们忽视工作效率，只是一味地拼命延长工作时间，提高生产力的目标就永远不可能实现。这样看来，承认我们体内具有懒惰的"恶魔"，提倡适度休息，思考如何才能更有效地提高工作效率才是提高生产效率的王道。

懒惰是创新之母

在日本社会中，"男女平等"和"女性就职公司"的现象越来越普遍，认为女性就应该留在家里照顾家庭的人正在逐渐减少，但仍有许多家庭的母亲会为孩子准备午餐。这本身并没有什么问题。许多人热衷于制作可在社交网络平台上展示的美食，还有许多书专门介绍美食制作方法。

然而，由于现在大多数家庭的父母双方都需要工作，许多母亲感叹每天精心准备午餐并不是件容易事。母亲们用冷冻配菜加米饭制作的偷工减料的便当来凑合家人们的午餐，也是人之常情。当然，如果只让孩子们吃冷冻食品，不少母亲会觉得这样做对不起孩子，所以她们尽量制作至少一种自制食物。

不仅是午餐，晚餐也一样，如果所有的晚饭都是超市里的成品菜，那么母亲会产生对家庭成员的负罪感，所以她们至少会自制味噌汤。

笔者因为在市场研究领域工作，所以对承担家务的人抱有的这种愧疚情绪感受颇深。那些认为至少要亲手做一道菜的人的理由是越花费时间和精力，越觉得自己是在满怀爱意地、努力地表达对家人的爱。然而，正如刚才提到的，"看重""无论做什么，都要拼尽全力"理念的，都是些持有旧价值观的公司或"黑公司"。在正常的公司中，更看重利用信息技术，缩短文件制作时间，或是提高生产率。但是，试图节省做家务的时间却极易被批评。最近，家务外包服务大受欢迎，这件事强有力地提醒我们"懒惰是创新之源"。

2019 年 5 月，日本最大的外送订购公司出前馆为了推广外卖作为日常饮食，任命"市中心"搞笑组合的成员滨田雅功为首席发展官（CGO），开始了"偶尔可以吃一次外卖"的推销活动，引起了极大的社会反响。

出前馆公司解释道，发起这场运动背后的深层原因是随着女性进入职场的现象越来越普及，到 2018 年，日本双职工家庭的数量达到了历史新高，但"手工制作至上主义"的现象仍然在很多家庭中蔓延，出前馆致力于改变当前这一状况。

在电视广告中，担任首席发展官的滨田雅功对忙碌的母亲和需要工作的年轻人说："为什么不偶尔点一次外卖呢？""说不吃饭就是在努力工作……真的是在努力工作吗？"这些直逼灵魂的拷问给人们留下了深刻的印象。

在笔者看来，如果人们能够轻松获得好的结果，那绝对是件好事，点外卖就能够让人们轻松吃到美食，这种模式理应被持续推广下去。

鉴于这种情况，连我❶（LINE）公司已经与出前馆公司签署了一项资本和商业联盟协议书，到 2020 年 3 月 26 日为止，连我公司的总出资额高达 300 亿日元。只需在商店里提供一个包装容器，外卖行业就正式开始运营了，两大商业巨头合作的背后，是意识到了外卖行业迅速扩张的风口。

2016年，"优食❷"（Uber Eats）正式登录日本，为日本的外送订购业（外卖业）提供了服务平台，外卖市场得以迅速扩大。网上订餐服务如雪中送炭般，不仅帮助了那些受新冠疫情影响而濒临倒闭的餐馆，还帮助了不能轻易出门的远程工作者。

那么，对于那些都需要工作、没有时间来做家务的夫妇来说，购买能缩短家务时间的扫地机器人、带烘干功能的洗衣机或洗碗机，这一做法是为了逃避家务，还是利用机械来节省时间的明智选择呢？

---

❶ 韩国互联网集团 NHN 的日本子公司 NHN Japan 推出的一款即时通信软件。——译者注
❷ 送餐软件。——译者注

　　正如前文所言，假如社会上想变得轻松的呼声过于高涨，日本人就很有可能选择拒绝。从激发消费热情的角度来说，仅肯定人类现有的麻烦是不够的，还要体会消费者不愿接受麻烦的心情，在消费者可接受的范围内鼓励适当的偷懒，这一洞察力是十分重要的。

　　请尽情地喊出"我想偷懒，不想努力"吧。表露不愉快的心情也是人类的天性之一。

"人渣"为什么会备受喜爱

电影《赌博默示录》为什么会备受关注

如果让现在的年轻人说出他们最喜欢的漫画，《鬼灭之刃》《王者天下》《海贼王》《约定的梦幻岛》一定会榜上有名。它们都是最近的热门漫画，笔者也喜欢看。除此之外，笔者还想追加推荐一部漫画，那就是人气爆棚的漫画《赌博默示录》，虽然这是一部从 1996 年就开始连载的、比较古老的漫画作品，但一直连载至今，最新的电影翻拍版本也于 2020 年 1 月在日本上映。该漫画除被改编成电影外，还被制作成动画片、电子游戏等，几乎家喻户晓。故事的主人公是一位冒着生命危险，流连于各种能赚大钱的赌博游戏中的"笨蛋"，有趣的故事情节也吸引了大量读者。

《赌博默示录》中不乏名场景，其中最有名的应该是主人公一边咕嘟咕嘟地喝着冰啤酒，一边呐喊"酒真是魔鬼啊！"的一幕，甚至有喜剧演员把这个场景当作梗，创作出喜剧作品。

其实，"酒真是魔鬼啊！"的台词是藤原龙也主演的电影版本中的原创，原版漫画中的台词是"喝酒真是犯罪啊！"。

台词"犯罪"和"魔鬼",也许只是有稍许不同,但藤原龙也的这一改动瞬间让这一场景火了起来。无论他走到哪,都有人模仿他的样子一边喝着酒,一边呐喊:"酒真是魔鬼啊!"语言上的细微差异就促成了一股潮流,可以称得上是一个完美的改动。

原本,"笨蛋"指的是漫画中的主人公——伊藤开司。他在漫画中的形象是"人间败类""懒惰的、自我堕落的、无用之人",而他的人物形象被塑造成一个不走寻常路的英雄。

通常,少年漫画中的主角应该像《鬼灭之刃》中的灶门炭治郎,或《王者天下》中的李信那样,是有理想的热血青年,勇敢率真,偶尔也会做些出格的事,对周围的人热情且诚实。而《赌博默示录》中的伊藤开司则与之截然相反,他绝不是那种为了实现目标而不懈努力的人。然而,伊藤开司在本该靠运气的赌博中发现了一种必赢法,凭借魔鬼般的智慧和不输于强者的天生好运,再加上敢于突破逆境的勇气和洞察力,从某种意义上来说,成了观众眼中非常优秀的人才。

《赌博默示录》最大的魅力,在于诸多具有强烈震撼力的名台词。拥有名台词是热门漫画作品的一个共同点。例如,《鬼灭之刃》中的那句:"不要让别人掌握你的生杀大权!不要在痛苦中畏缩不前!"这句名言,一举奠定其超级热门漫画的地位。

如果说《鬼灭之刃》的故事是在肯定人类善良之光的话,

那么《赌博默示录》的故事绝对是在描绘人性之恶，它赤裸裸地展示了人类的丑陋和罪恶，带给读者一种沉重的压迫感。

> "不是从明天开始努力工作……而是从今天开始……必须从今天开始……今天已经开始努力工作的人……只有那些从今天已经开始努力工作的人，才会有明天……"
>
> "你必须赢……如果不赢，就注定会遭受痛苦，就注定会成为别人的垫脚石……"
>
> "他们……没有看到这种可能性。不得不说，他们才是真正的失败者……不是因为输了才是失败者，看不到可能性才是真正的失败者……"
>
> （摘自《赌博默示录》和《赌博破戒录》）

《赌博默示录》真正的魅力就在于它对人性阴暗面的描述，这在《鬼灭之刃》中是根本看不到的，这就是为什么要把故事的主人公设计成一个"人渣"，而不是一个顶天立地的英雄。

藤原龙也被选为电影版《赌博默示录》的主角时，人们也曾怀疑他是否能再现那个经典的"人渣"角色，影片完成后，他的高度还原力着实令观众震惊。

🎵 《纪实》(The Non-fiction)栏目的真实面目

在漫画《赌博默示录》中，主人公是一个没有固定工作、自暴自弃的"废柴"，他整天玩弹珠游戏，喝着廉价的啤酒。喝醉了，就睡在一个像垃圾场一样肮脏的房间里。此外，他通过破坏停在停车场的豪华汽车来消解自己的挫败感，是一个彻头彻尾的失败者。在漫画中，他评论自己是一个不仅自身毫无动力，还会妨碍他人的行尸走肉，也曾因为破坏财产罪和盗窃罪等被处罚。

面对同样的境遇，有些人可能会破罐子破摔，彻底变成流氓或罪犯，但漫画主角伊藤开司没有这个胆量，也不想通过努力工作扎扎实实地获得成功。他不仅经常以这样的借口搪塞别人："我还可以重新开始。"或"我只是不够认真。"他还经常这样自我安慰，看起来确实是一个彻头彻尾、无可救药的"废柴"。

除此之外，他总会轻易相信别人，没有多想就为熟人做了债务担保，最终在毫不知情的情况下背上了巨额债务，被卷进了非法赌博的世界，故事也由此拉开帷幕。

如果让笔者用几句话来给没看过这部漫画的人形容一下伊藤开司这个角色，我会说他看起来像富士电视台的老牌人文教育纪实类节目《纪实》中出现的人。

《纪实》是一个历史悠久、屡获殊荣的纪实类节目，这档节目中多是为了生计而努力奋斗的普通人，许多名人自称是这个节目的忠实粉丝。《纪实》中的多数主人公都是身体或经济上有缺陷的弱势群体，记录的也是他们虽然不灵光，但积极乐观、不断努力向上的真实故事，有很多人喜欢他们的故事。在某些剧集中，看到那些刚刚挣扎着从挫折中爬出来的人又不幸跌入低谷，实在令人难受。

《纪实》和《赌博默示录》中的人物并不是"胜利者""某个领域的专家"或"成功的企业家"，作品表达的世界观也与《情热大陆》❶截然相反。事实上，他们就是社会中的底层，他们那些看起来并不明智的行为举止也会让观众和读者觉得，他们就是彻头彻尾的失败者。

然而，当你看到《纪实》和《赌博默示录》受到这么多人的喜爱时你会发现，对普通民众来讲，精英或成功者的生活并没有失败者或笨蛋更令人感觉亲切。

"相似性"（similarity）的心理现象可以解释为什么观众会对《纪实》里的主人公倍感亲近。

---

❶ 日本 TBS 电视台播出的一档人物深度纪录片节目，以各行各业的杰出人物为题材。——译者注

相似性

含义	它指与环境、外表、态度等方面相似的人在一起会感到舒适，会更容易建立起良好的人际关系。"相似性"的程度是相对的，例如，在其他国家居住的海外侨胞可能仅仅因为都是同胞而感到亲切，但在本国，这种情况是根本不可能出现的。
具体事例	"虽然去了健身房，但我是个三天打鱼两天晒网的人"，一位朋友坦诚地分享了自己的经历，"我也是"。如果你也有同感，谈论这个话题时，就可能一下子拉近彼此的距离。相似性不只存在于私人场合。一位客户透露："我们没有多余的人力可以投入营销中。"如果你告诉他："A 先生也有同样的困惑，你可以利用 B 公司的服务让自己轻松一点。"他很可能会因此对 B 公司产生亲近感。

应该没有人会自认完美。"虽然在外面衣着得体，但在家里却邋里邋遢"，或"同时和几个人约会""喜欢赌博，甚至会逃掉工作去玩弹珠游戏"，像这样的"人渣情节"，人们或多或少都有一两个吧，但由于人的天性使然，我们还是会装出乍一看是个认真工作的社会人的样子。因此，许多人会因为觉得那些人和我一样，就对那些暴露出自己"人渣"或"刺头"

一面的人感到亲切。

相反，面对那些能人、完美的人或成功者时，因为感觉这种完美或才能是自己所欠缺的，所以不太可能对其产生亲近感。对方越是优秀，越容易让人意识到自己的缺陷或不完美，越容易让人感到自惭形秽或自卑。人们只会把这样优秀的人当作与自己不同的人，人们可能会崇拜他们，但不会亲近他们。

相反，"废柴"与完美人设截然不同，越是不优秀的人越可能让人觉得"他和我一样，或比我还差劲"，被人喜爱的力量也就越强大。

看看像高田纯次、蛭子能收这样的"废柴大叔""脱力大叔❶"，就能明白他们似乎与"努力""节制""修行"毫不相干却非常受人欢迎的原因。

现实中，满身缺点、不完美的人反而更受喜爱。"江头2:50❷"、出川哲朗一般被称为"污点艺人"。根据维基百科的解释，"污点艺人"是指经常使用粗俗段子或一招逗笑的搞笑形式，对副业比对艺术更投入，擅长处世之道，毫无艺术性的演员，原意为贬义。

最近，"江头2:50"开始在油管网直播后人气爆棚，观众瞬间涨到100万，出川哲朗也多次出演电视广告，一直备受

---

❶ 无能的怪癖大叔。——译者注
❷ 日本有名的搞笑艺人。——译者注

欢迎。

如果想让人们爱你，暴露"真实的自我""过着和别人一样的糟糕生活"的一面，比炫耀你的学历、财富或地位有效得多。

人性中有 50% 是缺点

努力提升自己是一件值得被称赞的事，也是推动人类伟大文明前进的美德。然而，懒惰是人的本性，而想要提高自身又离不开勤奋，二者的矛盾会让人本能地选择逃避努力。"必须做好！""努力工作！"这样的要求更是极易被人们所排斥的。

相反，面对那些不学习、不工作、整日酗酒、抽烟的人，比起大声地谴责他们，选择一笑而过的人也许更明智，只因为"他们也是人，他们也没办法"。

关西方言中"管他呢"的表达方式，最适用于这样的场景了。生活中，面对一些磕磕绊绊，吐槽一句"管他呢"，就会让坏心情瞬间烟消云散，在某种意义上讲，这才是智者的生活态度。已故的第七代落语大师立川谈志非常相信落语的力量，他将人类这些阴暗面凝练成落语，主旨多为对人性之恶的肯定。

直至立川流派创立之初，笔者一直认为需要肯定人性之恶。简言之，就是要明白，一个完整的人并不是完美的，如他是孝顺的、勤奋的、夫妻间举案齐眉、生活中有付出就有回报，而真正的人生是不完美的，我们的落语故事就充分表现了主人公的不完美。人性是软弱的、是懒惰的，想喝酒睡觉，不想学习，不高兴了甚至会和父母吵架，也有无论多努力都得不到结果的事——这才是一个完整的人，我认为落语正是因为肯定了人类之恶，所以才描绘出了一个个活生生的人物形象。

（摘自《生命百态》）

立川谈志的话使我深受启发。当然，努力工作、努力学习也是人类的天性之一，但这些优点只占了人性的 50%。像软弱、脆弱这样的阴暗面也同样源自人的本性。事实上，人性中有 50% 是缺点。如果将"人必须工作""人必须努力"当作常识来理解，就永远理解不了人性的全部。

不幸的是，在现实生活中，社会常识首先会被摆在第一位，我们往往会被社会常识绑架，如要求女性应该这样做、要求父母应该那样做等，这些强制性的要求会令人生活得很痛苦。对一部分人来讲，被迫按照社会道德进行的生活方式是令人窒息的。

立川谈志提到的"肯定人性之恶",应该和前文提到的污点艺人的例子一样,通过展示"废柴人生""人渣人设"来增强与观众间的亲切感,这也是艺人独特的艺术表现形式。

夏目漱石曾说:"发挥才智,则锋芒毕露;凭借感情,则流于世俗;坚持己见,则多方掣肘。总之,人世难居。"不仅是在日本,在世界上的其他国家,社会的本质也一样虽历尽沧桑却未曾改变。

正因为社会有令人窒息的一面,那些舒畅的、随和的、平易近人的人才会备受喜爱。漫画《赌博默示录》中的主角人设也是一个极易令读者产生亲近感的"废柴"。比起那些优秀的、完美的主人公,人们貌似更喜欢不完美和有缺点的主人公形象。

普通人为什么能够打败天才

在此之前,我们讨论了漫画《赌博默示录》中的主角伊藤开司的不务正业,在这里,我们再看看漫画作品《赌博默示录》的其他故事情节。

漫画《赌博默示录》的故事情节中,有其作者福本伸行自身的浓厚烙印。主人公爬上钢筋水泥地,堵住耳朵,这样在现实生活中很少发生的事却不断出现在故事中。除此之外,弱小的主人公在赌场上不惧强大的对手，最终获得胜利，简直就像水户黄门❶除暴安良的故事一样，故事情节紧扣心弦、幽默风趣，又令读者沉醉其中、热血沸腾。

而主角的对手，无论是利根川幸雄，还是一条，都是既聪明又有钱有地位的人。当然，貌似是"人渣""无赖"的主角，能够战胜这样的对手，并不是因为漫画情节的需要才故意如此设定的。

在故事中，伊藤开司也会在关键时刻表现出思维敏捷、足智多谋的一面，正是因为他的聪明才智，才能取得一个又一个成功。这也许说明高学历或聪明人，只是不擅长在各种歪门邪道的赌博中取胜罢了。事实上，我们往往很容易评价对方是个聪明人，但如果问我们聪明的含义是什么，我们也会马上被问得哑口无言。

最近，东京大学的名牌大学效应在电视上越来越受欢迎，但同时人们也认识到，"最聪明的天才"的视野也往往会更狭窄，这种认知偏差被称为"专业畸形"（professional deformation）。

---

❶ 原型是德川幕府的水户藩第二代藩主德川光圀。在日本的民间故事中，德川光圀在退休后四处游历，遍访民间，见到不平之事便挺身而出，一开始一些恶霸奸人还嚣张跋扈，但是他一亮出自己的身份，这些宵小的胆子都被吓没了。——译者注

专业畸形

含义	即从自己专业领域的视角来观察一切事物的倾向，又被称为"专业白痴偏见"。
具体事例	有关新冠疫情的应对之策，传染病专家忽略新冠疫情对经济形势的影响，而经济专家也忽略了万一新冠疫情扩散将带来的影响。许多专家对自己专业领域内的事自信满满，但在专业领域之外的问题上往往是一窍不通。很少有人能够在发言时考虑到各种因素的影响，全面、准确地看待事物。

聪明绝不是万能的，过于专业有时也是一种劣势。优秀的人往往会被自己的优秀所迷惑，以至于使自己的眼界变得狭隘。在漫画《赌博默示录》中，主人公伊藤开司之所以能够打败他强大的对手利根川幸雄和一条，是因为他成功利用了对手的自负。

主人公是一个已经背负重债、深陷谷底的人，除了自己的生命，他已经没有什么可以在意的东西了。因此，他也不怕有所失去，往往行事果断，雷厉风行，所以他总能抓住战胜那些拥有地位、权力、金钱的优秀之人的机会。

主人公在与利根川幸雄对弈的赌博游戏"E-card"中，让我们清楚地看到了这种隐形的权力对峙关系。"E-card"是一个简单的纸牌游戏，玩家依次打出手中的五张牌，最后还剩下牌的玩家就是赢家。"E-card"游戏中只有三种牌，"皇帝""平民"和"奴隶"。在规则中，最弱的牌"奴隶"可以击败最强的牌"皇帝"。

那些聪明优秀、有地位、有财富的人，虽然看起来很强大，但那些跌入谷底、一无所有的"废柴"，却能挡住这些"卓越帝王"的去路。

我们往往会对自己的现状产生消极的认知，如认为自己不够聪明、相貌不出众、没钱等，但你要明白，这并不是一个正确的判断。只要你有足够强烈的意志，能够调动起所有的有利条件来实现自己的目标，你就能找到打破任何困境的方法。漫画《赌博默示录》就是讲述了这样一个事实。

从之前提到的心理现象可以得知，社会中的强者往往很难受到人们的喜爱，由此可以推出，像面子、地位、名声、金钱等，只不过是一个个客观的现实条件，并不能简单地认定它们的意义或价值。

在某些场合，聪明也许会成为人生的不幸之源，而美丽也可能使你陷入危险的境地。由于最终的优势或劣势在当前是未知的，所以不能确定你手中的牌是好是坏，担心这个问题不会对赢得游戏产生任何效果。

笔者宁愿重新打开手中的牌，无论好坏，认可这就是自己。如果我们能够肯定自身的全部，就能找到打败"皇帝"的秘籍。

　　漫画《赌博默示录》之所以受到人们的狂热追捧，就是因为它的故事情节与人性本质极为符合。认可现状的精神具有强大的力量，可以颠覆所有的既定条件。

第 4 章

语言会骗人

寓言故事 4:《浦岛太郎》

很久很久以前,有一个名为浦岛太郎的渔夫,他和老母亲生活在一起。

一天,浦岛太郎看到一群孩子在海滩上欺负一只小乌龟,善良的他从孩子们手中救出了小乌龟,并帮助它回到了大海。

又过了一段时间,一天,浦岛太郎还像往常一样悠闲自在地钓着鱼,一只大海龟游了过来,说自己就是被浦岛太郎救下来的海龟,为了报答他的救命之恩,邀请浦岛太郎去龙宫做客。

龙宫里的龙女十分热情地欢迎浦岛太郎。她召集来各种鱼,成群结队地围着浦岛太郎跳舞,又准备了许多美味可口的饭菜,浦岛太郎在龙宫里度过了一段快乐的时光。

就这样又过了一段时间,浦岛太郎不知不觉地开始思念家中的老母亲,不知道母亲现在过得怎么样了。于是,他变得忧心忡忡,对周围的一切都提不起兴致来。

　　龙女看出了浦岛太郎的担忧，同意让浦岛太郎回家，又给了他一个百宝箱作为礼物，并叮嘱他："千万不要打开盒子。"

　　浦岛太郎归心似箭，骑在龟背上，回到了心心念念的故乡。他回去一看，不用说自己的家了，整个村子都完全变了样，村里的人浦岛太郎谁都不认识了。虽然浦岛太郎在龙宫只过了短短几天，但世上却已过了几十年。

　　不知所措的浦岛太郎想起了龙女给的百宝箱，便打开了。突然，从百宝箱里咕嘟咕嘟地冒出了一大股白烟，转眼之间，浦岛太郎就变成了一个白胡子老头。

　　龙女曾经热情周到地款待浦岛太郎，在取得浦岛太郎的信任后，又给了浦岛太郎一个可能毁掉他的百宝箱。龙女的这一系列行为，不由得使人怀疑起她的初衷。此外，龙女费尽心思递上百宝箱，却告诉接收的人不要打开它。在笔者看来，做这种事的人实在是别有用心。事实上，越是说不要打开，越会像魔咒一样吸引人去打开，龙女以貌似合理的方式，给浦岛太郎设置了一个陷阱。

　　人的想法本就很奇怪，越是告诉他们不要打开，他们就越想打开，就像鸵鸟俱乐部❶的搞笑段子一样，越是说不要推，他们就越想推。

人们常常话中有话，贸然相信话语的表面意思往往会倒大霉。在笔者看来，龙女是个坏人，她诱拐了浦岛太郎，颠倒时间概念，在玩弄他一番后，又将执意回家的浦岛太郎视为背叛者，把他变成了一个老头。诸位读者怎么看待龙女呢？

那么，浦岛太郎为什么没有怀疑龙女的话呢？怀疑别人可能是一件不好的事，但因不去怀疑而受骗、倒大霉，更不是一件好事。

---

❶ 日本的搞笑艺人三人组，亦擅于人物模仿，以"我要起诉你！"等段子闻名。——译者注

为什么美好的东西卖不出去

可持续发展目标为什么在现实生活中并不受欢迎

在过去几年中，我们听到联合国可持续发展目标（SDGs）这个词的频率越来越高。2015 年，在联合国可持续发展峰会上达成了一份成果文件，即《改变我们的世界：2030 年可持续发展议程》（*Transforming our World：The 2030 Agenda for Sustainable Development*），该纲领性文件成为各国到 2030 年的具体行动指南（包括 17 项可持续发展目标和 169 项具体目标）。

宣言内涵极为丰富，从发展中国家消除极端贫穷和实现零饥饿的目标，到发达国家人人享受公平与正义、保护海洋资源和性别平等，内容涵盖了方方面面。

据日本国立国会图书馆的检索结果显示，2015 年至 2019 年出版的图书、杂志中，包含了"可持续发展目标"字眼的数量如图 4–1 所示。

2015 年含有"可持续发展目标"字眼的图书有 7 本，杂志有 26 本。仅仅 5 年后，到了 2019 年，含有该字眼的图书的数量就达到 111 本，约为 2015 年的 16 倍，杂志的数量达到

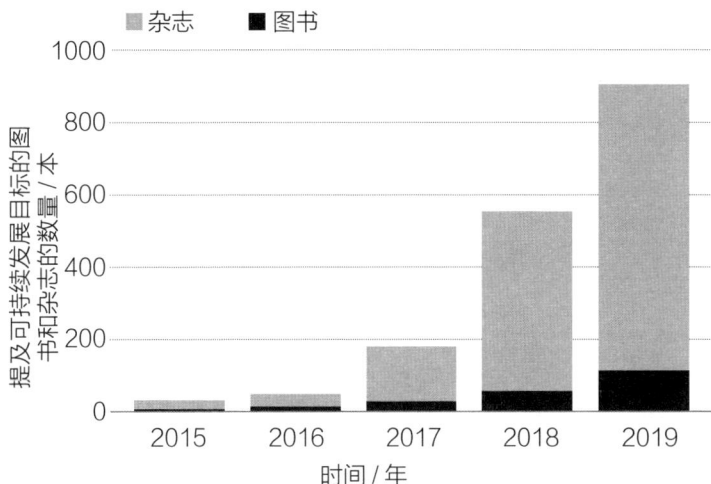

图 4-1　提及"可持续发展目标"的图书和杂志的数量

796 本，约为 2015 年的 31 倍。

　　近年来，可持续发展目标理念可谓相当热门。许多公司也带头落实可持续发展目标，与可持续发展目标理念相关的报道也是铺天盖地、接踵而来。于是，延伸出了一系列的相关问题，例如在用石油为原料制备塑料制品的过程中会产生大量温室气体；乱扔不能自然分解的塑料垃圾会造成严重的海洋污染，这些行为都不符合可持续发展的目标。

　　因此，为了实现可持续发展的目标，产品及其包装必须无塑料化。在日本，星巴克咖啡公司开始改用纸吸管，联合利华集团也改用纸吸管，雀巢公司也同时宣布改用纸包装代替塑料包装。此外，从同年 6 月开始，日本各地的商场开始对塑料袋收费。

　　就这样，企业纷纷将注意力转向可持续发展目标，他们如此热衷于无利可图的环保措施，其实另有原因。其中一个最重要的理由就是联合国负责任投资原则（PRI）。该原则是由当时的联合国秘书长科菲·安南在2006年通过的，要求企业投资者在决策过程中，要充分考虑ESG❶评价标准的各个因素。简而言之，就是对于那些不重视ESG评价标准的公司，建议不给予投资。

2016年，世界上最有影响力的非营利组织——洛克菲勒基金会宣布，将停止投资与化石燃料有关的行业，并出售其持有的美国最大的石油巨头埃克森美孚公司的股份，这一举动震惊了全世界。

洛克菲勒家族最早就是靠石油起家，并迅速成长为商界巨富，他们通过标准石油公司，几乎控制了整个美国的石油业务，而现在，连洛克菲勒家族都因为石油产业不符合可持续发展标准而选择了放弃该产业。

在当前的形势下，投资家纷纷开始按照符合可持续发展标准来选择公司，作为普通企业，除了积极响应别无他法。但是，消费者是否也如此热衷实现可持续发展的目标呢？

世界经济论坛的调查数据显示，在日本，听说过"可持

❶ 英文Environmental（环境）、Social（社会）和Governance（公司治理）的首字母缩写，是一种关注企业环境、社会、治理绩效，而非财务绩效的投资理念和企业评价标准。投资者可以基于ESG评价标准，通过观测企业ESG绩效，评估其投资行为和企业（投资对象）在促进经济可持续发展、履行社会责任等方面的贡献。——译者注

续发展目标"一词的受访者只占 49%，是 28 个国家中最低的，回答很熟悉可持续发展目标理念的人也只有 8%，同样是 28 个国家中的最低值。这些数字表明，至少在普通的日本消费者心中，"可持续发展目标"并不怎么受待见。

据笔者所知，对此冷眼旁观的人也许更多，"我并不太了解可持续发展目标，总感觉它只不过是个好听的说辞罢了"。于是就出现了这样一种微妙的现象：普通的企业因为有利可图，所以积极投身于可持续发展目标的建设中去，而对于普通消费者来说，他们既看不到执行可持续发展目标的好处，也看不到不遵守可持续发展目标的坏处，单凭一个简单的可持续发展目标标语，是很难让他们下定决心去做些什么的。

人们为什么会冷眼旁观可持续发展目标，而且认为它只不过是个"漂亮话"呢？

首先，可持续发展目标是联合国高级别峰会制定的，普通消费者并没有参与到制定过程中，只是被告知要做高层所决定的事情。联合国的政策是各个成员国代表经过反复商讨后确定的。从日本普通民众的角度来讲，因为日本政府认可可持续发展理念，政府又是日本民众选举出来的，所以从维护公平正义的角度来看，日本民众也应该遵循该理念。但对于单个消费者来说，这就完全是别人的事了。突然被提议"让我们为实现可持续发展目标而努力吧"，大部分人的反应应该是"我不懂"或"即使我一个人不遵守，也不会对整个社会产生什么实质性影响吧"。甚至有人会反驳："自己的事都忙活不过来，哪有时间管这种闲事！"

人们如果相信某事，就会自觉地采取行动，但即使是像可持续发展理念这样的好倡议，如果人们不理解，也不可能积极采取行动，可持续发展目标理念也只能沦落为一个漂亮的说辞。

单靠说理是不可能真正取得人们的信服的。从道理上讲，"这将有益于整个世界""你只要这样做，就会从你的行动中受益"，这样的解释，并不能完全取得人们的信任。

行为经济学是解读人们行为习惯的科学。行为经济学中的原则启示我们：人是否会采取某项行为，不仅单纯受到利益（得失）的影响，还会受到情感和心灵的影响。

正如是否采取可持续发展目标理念这一事件所显示的那样，大多数漂亮说辞都是理性的、有逻辑的，但人们不会仅仅被道理所感动。换言之，如果人们感受不到情感或真心，他们就不会把好听的理论当作己任，即当作是自己的事，也就不会采取任何行动。自始至终，人们都是感性的，而非理性的。

人们往往会被故事吸引

怎样才能快速提升人们对可持续发展目标的关注度呢？笔者认为必须打情感牌。心理学上的"可识别受害者效应"

（identifiable victim effect），可以很好地佐证这个观点。

可识别受害者效应

含义	当受害者不具备高识别性时，人们会对其漠然视之，反之，当对受害者进行描述，使其具备高度的可识别性时，人们向受害者提供帮助的意愿就会显著增加。人们不会对群体感兴趣，而会对某个人的故事感兴趣。
具体事例	美国每年有 100 万人死亡，如此庞大的数字也没能在社会中掀起丝毫波澜，但马丁·路德·金一个人的死就震惊了整个美国社会，甚至引发了影响深远的社会变革。

因新冠疫情死亡的人数每天都在增加，但只有喜剧演员志村健因新冠疫情而死时，才真正激发起了日本民众对这种未知病毒的恐惧和愤怒。

人类的情感不是由数字驱动的。当人们看到某个具体的事例时，他们的情感肯定会比大脑或四肢更提前做出反应。前文提到的《纪实》栏目之所以受欢迎的另一个原因，正是它讲述了极具震撼力的社会底层人物的真实生活故事。

在日本，孤独死的社会问题正在日益凸显。事实上，每年有超过 20000 人的孤独死案例，这已经成为一个严重的社会问题。然而，我们可能至今都没有意识到 20000 这个数字所带来的社会影响。

然而，在世界最大的广告节——纽约广告节上，一部聚焦"打扫孤独死死者房间的清洁员"的广告在 2014 年荣获金奖（该广告于 2013 年 1 月 20 日正式播出，名为《嫁给孤独死清洁员？"孤独死"带给我们的启示》）。这件事启示我们：比起 20000 这个数字，聚焦某人的故事更能打动人心。

回到之前的话题，可持续发展目标因为与消费者的具体生活在表面上缺乏联系，所以才会被普通人认为这只是个好听的理论。既然如此，我们应该把宣传的重点聚焦在某个遭受贫困或歧视的个体上，并倡导大家："让我们为了改善这个孩子的生活环境而做出努力吧。"这样的宣传方式也许会更引人注目。

当然，采用这样的方法时更应该谨慎。因为我们越关注某人的生活，共鸣感越强，越容易变得狭隘和偏颇。在制定客观公正的政策时，应该营造一个可以冷静议事的外部环境，使讨论不只局限于某个具体的受害者，而是尽可能使用具体的客观数据来分析问题。

感性超越理性

还有一种方法可以避免普通人对漂亮说辞的冷漠态度，刺激消费者的情感体验。人们一旦对某事产生感情，就很难理性地考虑问题，这一现象被称作"同理心差距"（empathy gap）。

同理心差距

含义	当自己不是当事人时，你可能会认为"我绝不可能做出那样的事"，但如果事情突然降临到自己身上，却很有可能受到意想不到的情绪控制，从而采取极端的行为。换句话说，当前的感觉已经将之前的所有判断或情感都冲刷得一干二净了。
具体事例	即使你已经吃饱了，并下定决心从明天开始减肥，然而，一旦饥饿感来袭，你又会暴饮暴食。昨天的誓言以及对肥胖的懊恼，在饥饿感面前全部被遗忘得一干二净了。

纽约的华尔街上有一座巨大的公牛铜像。公牛的英文单词"bull"还有一个金融术语的意思，即看好股市者。安放金牛者希望借此吉言，让股市持续上涨，这座铜像也是华尔街的著名地标之一。

2017 年 3 月 7 日，在国际劳动妇女节的前一天，在公牛铜像的对面，一座名为"无畏女孩"（Fearless Girl）的年轻女孩雕像被悄然树立了起来，一时间引起了不小的轰动（图 4-2）。

图 4-2　"无畏女孩"雕像

　　该雕像是由美国一家大型金融投资公司安放的，旨在推广一种名为"她"（SHE）的新股票型基金，该基金的主要客户群体为活跃在职场上的女性员工，如女性董事等。简而言之，该金融投资公司将公牛铜像视为男性特权的象征，于是特意安装了女孩雕像来表达抗议，并借此宣传基金。

　　"实现男女平等""呼吁企业给予女性平等的工作和晋升机会"，这些内容同样是可持续发展的目标之一，也是前文所提到的好听的理念。虽然多数人能够理解这一理念的重要性，但如果让人们自觉采取行动，就十分困难了。

　　这家大型的金融投资公司一改冷眼旁观的态度，创造了一个抵抗大男子主义的女孩形象，这座形象的少女雕像，成功引起了巨大的社会效应。

公牛铜像最初的设计初衷是象征充满活力的金融市场，完全没有性别歧视的意思。据说公牛铜像的最初制作者对此相当愤怒，但这也并不影响"无畏女孩"的雕像迅速成为著名的地标，其照片在推特上被浏览了 46 亿次，在照片墙上被浏览了 7.45 亿次。这足以证明"无畏女孩"在情感上深深打动了许多人。

当我们被"非常喜欢"或"太棒了"这样的情感所打动时，往往会失去理性判断的能力。即使是在安装了这座雕像的那家美国大型金融投资公司的母公司里，11 位董事中也仅有 3 位是女性，这样看来，在美国用"性别平等社会"来取代"男性主导社会"仍然任重道远，正所谓说起来容易做起来难。

然而，像这样的针对"无畏女孩"雕像事件的客观冷静的评价，却大多被忽略了。换言之，如果一个产品能够成功唤起消费者的强烈共鸣，即使它的缺点十分明显，也往往会令消费者忽略其缺陷，狂热追捧。

"共情"对商业公司来讲是一个不可或缺的基本要素。可持续发展的理念是伟大的，但如果每一名普通民众意识不到它所带来的优点和缺点，那人们的反应只能是"我不懂"，从而再好的政策也只能变成一纸空谈。

媒体越是报道各行各业的公司都在努力实现可持续发展

目标，或政府越是在大力推广可持续发展理念，大众听起来就越像谎言。听起来越像谎言，人们就越不可能对其产生共情，每一个消费者就越有可能冷静地分析可持续发展理念的"缺点"，从而不可能出现狂热追捧的现象。

如何才能让消费者放松戒备心

那么，怎样才能消除普通民众对可持续发展理念的不信任，从而让大家对此产生共鸣呢？

油管网上大受欢迎的《晨间日常》《和我在一起》栏目给了笔者很大的启发。也许有些读者并不熟悉这两个栏目，在此先简单介绍一下。如名所示，它们就是记录人们每天早上的日常行为习惯或日常穿搭的视频。如今，记录日常生活的视频在油管网上越来越受欢迎了。

大多数此类视频不是在工作室拍摄的，只是在发布者家里随手拍的，因为充满了生活气息，所以非常吸引观众。这些视频充满了真实感：某个博主正在向粉丝介绍她爱用的化妆品，画面稍一切换，你就可以看到房间里的其他装饰。换句话说，《晨间日常》的表现形式与充满谎言的漂亮说辞完全相反。

年轻人倾向于尽可能地避免刻意制作的内容，如电视综艺节目等，因为觉得内容虚假，年轻人往往会选择避而远之。另外，正如前面所介绍的，像人物纪实类节目《纪实》、日本广播协会（NHK）的谈话类节目《刨根宝和刨叶宝》❶却风靡一时，由此可见，对真实内容感同身受并狂热追捧的人大有人在。

现如今，人们不再仅仅会被美好的理想所折服。如果我们不能触动每个人的情感，再崇高的理想都将变为一纸空谈。

为什么你们的公司必须践行可持续发展目标？如果你不告诉普通民众目前世界的大形势，如果普通民众不知道谁正在饱受因环境污染所带来的危害，而是单单号召他们去做对地球有益的事，那没有人会真正去行动。

如果不能激发消费者的热情，而是向他们灌输大道理，消费者往往认为这是别人在欺骗自己，从而选择冷静、理性地分析问题，断不会贸然行动的。这就是美好的东西卖不出去的具体原因。

---

❶ 这个节目将社会上拥有稀奇经验的人和从事鲜为人知的职业的人等请来做嘉宾，刨根问底地对其进行提问。——译者注

带有煽动性的抱怨为什么极具杀伤力

"打倒特权阶层"风靡一时

2019 年 4 月，日本东京东池袋地区发生了一起因操作不当造成的车祸事故，肇事者是一名 87 岁高龄的男子，事故造成 2 人死亡、10 人受伤，而这起事故却没有止步于老年人驾驶失误，而是持续发酵，被媒体大肆报道。

其中一个重要原因是，肇事者是原通商产业省的一名工业技术院前院长。该男子退休后，又担任了一些重要职务，包括某个行业协会的主席、一家大型机械制造商的董事，2015 年，他被授予日本瑞宝重光章❶，可以说这是精英中的精英才能拥有的殊荣。

另一个原因是，在肇事者如此明显过错的情况下，警方却并没有逮捕这位前官员，不由得使人猜测，警方是不是受到了前官员的威胁。

---

❶ 日本于 1888 年开始制定的勋章。国家以在公共事务有功劳者、长年从事公务者、功绩受到认可者为授予对象。——译者注

事故发生两天后，又发生了一起由老年人引发的致命交通事故，但在这起事故中，司机被当场抓获，于是引发了民众的强烈不满，人们纷纷抗议国家宽容公职人员及法律存在双重标准。

换句话说，因为肇事者是有特权的人，所以他会格外受到优待。这件事不仅在网络上迅速传播，甚至批判声也出现在电视节目中，特权阶层甚至被提名为日本 2019 年度的新词或流行语奖的候选。

特权阶层这个词第一次出现在 2020 年东京奥运会和残奥会的官方会徽设计争端中。遴选委员会认为，当前的会徽设计与之前的设计相似度极高，所以决定撤回该会徽的设计方案。然而，在新闻发布会上，奥组委秘书长武藤敏郎却说："这两种设计的区别，专家才能够看出来，普通民众是不可能看出来的。"这一歧视普通民众的失言瞬间引发了强烈的社会反应。

这一言论引发了日本公民的强烈不满，他们被当作普通人，甚至都无权评论会徽的设计，为了揶揄倡导民主平等的民主意识，人们故意制造了"特权阶层"这个词。也就是说，"特权阶层"这个词的含义从一开始就充满了对当权者的讽刺。

然而，东池袋车祸案后，"打倒特权阶层"的激烈程度已经远远超出了单纯的讽刺阶段。

　　畅销书作家橘玲在她的一本名为《上级国民／下级国民》的书中写道："一旦你落入下层阶级，你将别无选择，只能以下级国民的身份变老，直至走向死亡。只有上级国民才能过上幸福的生活。"这些话受到读者的热烈追捧，这本书也迅速成为当年的畅销书。

🔖 人们容易走向极端

　　然而，在现实生活中，因为有上层阶级特权，所以才不会被逮捕的说辞，明显是极端的阴谋论。在东池袋车祸案中，警方解释说，没有逮捕嫌疑人是因为他年事已高且正在住院，所以不担心他会肇事逃逸。此后，嫌疑人在国内被起诉，并严格按照司法程序判决。

　　逮捕令消失事件发生后，有关的议员也被逮捕，这足以证明，上层阶级可以免于指控只不过是一种幻想而已。从另一方面来讲，"特权阶层即使犯罪，也不会被逮捕"的言论，毫无疑问可以煽动起普通日本民众的狂热情绪。

　　畅销书《上级国民／下级国民》的作者橘玲，在接受周刊杂志的采访时表示："我的这些言论是有事实依据的。"确实，这样的观点更容易传播给普通大众。

　　我们显然更喜欢极端的言论。明明某些事情发生的概率很小，但是人们总认为它们大概率会发生，这种认知倾向叫作

"极端预期偏差"（exaggerated expectation bias）。

极端预期偏差

含义	这是指把一般不会发生的"小概率事件"当作大概率事件来认知的倾向。人们往往倾向于夸大已有信息，而实际情况通常不如我们所预期的那么严重，极端事件的发生概率也极小。
具体事例	现实生活中，有这样想法的人也不在少数："明天也许就会发生大地震，房子先别买了。""说不定啥时候就会出车祸，最好别骑摩托车了。"如果天天盯着小概率的极端恶性事件，那么人们很容易杞人忧天，做出错误的判断。面对新冠疫情，虽然希望大家提前设想到最坏的结果，做好万全的准备，但从另一方面来讲，对所有的事，如果我们只考虑最坏的情况，为最坏的情况劳师动众，到头来如果坏情况没有发生，就只能是猴子捞月——一场空。

虽然人们常说现实比小说离奇，但我认为，在多数情况下，比起人们事先所设想的离奇夸张的极端事件发生，真正的现实反而是波澜不惊、平淡无奇的。

在东池袋车祸案初期，警察没有第一时间向公众解释为

何没有逮捕交通肇事者的原因，这一不当行为引发了社会各种
臆测或阴谋论。如果当初警方能够积极应对，第一时间公开案
件细节，很有可能就不会在公众间激发如此广泛地抨击特权阶
层的反抗运动。

　　真相不只存在于公众的可见范围内，因调查需要而没能
公开的内容，同样是真相的一部分，普通民众正是因为忽视了
没能公开的部分，才武断地判断特权阶层拥有豁免权。人们仅
在自己的认知范围内讨论问题的倾向被称为"共享信息偏差"
（shared information bias）。

共享信息偏差

含义	它是指在决策过程中，团队倾向于花更多的时间和精力讨论所有成员已经熟悉的信息（即共享信息），而花费较少的时间和精力讨论只有部分成员知道的信息（即非共享信息）。因为团队成员相互不知道对方不了解的内容，所以很有可能在信息没有得到充分共享的前提下做出决定。尤其是在紧急情况下，因为没有交流的时间，所以双方都主观认定对方已了解了事实的全部真相，在此基础上做出的决策反而会更加荒唐。

具体事例

讨论像"将来我们的业务该往哪方面发展"这类的话题时，因为话题中含有太多的未知因素，所以想要取得实质性的进展是十分困难的，而只有在讨论具体的、已知的话题，如"该不该把办公室搬到租金更便宜的地段？""停车费该不该由公司缴纳？"时，大家的讨论热情才会更加高涨，所提出的建议也更具有建设性。

公众只看到了"原职业官员犯了交通肇事罪，却没有被逮捕"的事件，却并不知道"涉及官员的犯罪案件具体该怎么处理"，或"因调查需要尚未公开的案件真相"，从而导致了"讨伐特权阶层"的风波闹得沸沸扬扬。

反过来讲，倘若警方在第一时间公布了案件的全部详情，即便有媒体故意煽风点火，该案件也不可能在普通民众间引起这般轩然大波。

"信息弱者 [1]"容易被忽悠

具有煽动性的广告用语在现实生活中比比皆是。例如"火爆全球！不知道就落伍了！""从今往后，不会英语就是废

---

[1] 指不善掌握信息、掌握的信息准确度较低的人。通常指在信息社会中不擅长使用智能手机、电脑、网络的人。——译者注

柴！""疫情当下，不适应远程办公，你就完蛋了！"像这样靠激发消费者的危机感来推销产品的广告用语屡见不鲜。

刚才提到的广告词就是利用了媒体与受众之间的信息不对称性，进而具有煽动性的产物，事实果真像广告中所吹嘘的那样吗？该产品真的是明星们的爱用物吗？单凭一条广告词是无法得到证实的。同理，"不会英语就是废柴"这条广告词也一样，今后世界将变成什么样子我们谁都说不准。可以说，"不会英语就是废柴"的说辞是典型的极端言论。

然而，现实生活中，像这样具有煽动性的广告词比比皆是，正是因为广告制作方根据以往的经验，结合刚才提到的极端预期认知偏差的影响，并事先洞察到了消费者容易轻信极端言论的偏好，从而利用消费者的这一特点达到扩大宣传效果的作用。

通过讨伐特权阶层的事例可以得知，没有得到全部的正确信息，只是基于有限的信息来下论断，是极端言论成立的必要条件。换言之，如果媒体想要煽动消费者采取某一行为，那给予消费者的信息就必须控制在一定范围内，反过来讲，消费者要想不被媒体的煽动蒙蔽双眼，就必须搜集足够多的信息，而且具备超强的信息甄别能力。

针对那些在网络上获取信息能力弱的群体或者个人产生了一个含有贬义的新词——"信息弱者"，主要是指那些不善于搜集信息、运用信息的人。

新冠疫情暴发初期，一时间谣言满天飞，陷入恐慌的老百姓纷纷囤货，超市里的口罩、卫生纸等生活必需品一度脱销。造成这种局面的罪魁祸首，就是老百姓没有掌握可靠的信息。

把投资情报整理打包，并高价贩卖的"信息生意"虽然最近大有江河日下的趋势，但当初被信息生意所忽悠惨的，就是这些"信息弱者"。

买来的情报信息真的有价值吗？情报卖家是不法商家吗？"信息弱者"由于不善于搜集有用的信息做出正确的判断，也就很容易被"信息贩子"选中，成为冤大头。

虽然并不在意自己是不是"信息弱者"的人大有人在，但在当今时代，为了避开黑心商家的陷阱，不管消费者愿意也好，不愿意也罢，都必须具备一定的信息甄别能力，这已经成了一个不争的事实。

总的来说，如果我们对某一信息深信不疑，它一般具备三个条件，即：

● 专家的解说。

● 具体数据的佐证。

● 包括互联网在内的媒介对这一事件的宣传。

正如前文所提到的，形形色色的专家入驻大大小小的媒体平台，围绕新冠疫情带来的问题各执一词，消费者面对鱼龙混杂的各种言论难免莫衷一是。从某种意义上讲，有多少专家，就有多少种真相，到底应该相信谁的说法，消费者只能根据自身的情况去判断。不仅如此，一个说法只要有数据的佐证，我们就很容易轻信它，而事实上，人们往往只会提供对自己有益的数据，甚至会捏造数据。所以，全盘接受所有的数据是不明智的。

说一千道一万，最重要的是，我们要养成辩证思维的习惯，不管面对什么信息，都不能囫囵吞枣，而要进行客观的分析。

"辩证"这个词的本义是参照某一基准而做出判断。换句话说，辩证思维的本质就是摈弃偏见，在合理的评判基准上进行理性的思考。所以，我们必须牢记以下 3 点，才能避免被忽悠、被欺骗的噩运。

- 不要一味轻信专家的意见，要学会自己动脑思考。
- 收集某一领域的专业知识，并学会自己辨别真伪。
- 对眼前的数据持怀疑态度，并学会理性地思考。

新技术遭到了质疑

🔊 被质疑消费逝者

随着人工智能技术的发展，将逝者的音容笑貌再次重现已经完全能够实现。说白了，就是让人工智能机器学习逝者生前留下的庞大数据，再造出酷似逝者本人的人物形象。

在这一方面最有名的，当数铠侠公司（Kioxia，原东芝存储器株式会社）联合手冢治虫制作公司，在 2020 年 2 月推出的人工智能"TEZUKA2020"项目。该项目通过对手冢治虫数以万计的动漫作品进行智能学习，最终以他的风格进行原创新漫画的输出。

人工智能机器在学习手冢治虫的漫画风格后，自动生成了故事情节和人物角色，最后再经人工稍加调整，就诞生了已故手冢治虫的新漫画——*Paidon*。随后，青年漫画周刊 *Morning* 对 *Paidon* 进行了连载。我现在还很清楚地记得，这件事情在社会上引发了多么强烈的反响。

此外，达利美术馆借助人工智能学习西班牙画家萨尔瓦多·达利（Salvador Dali）的作品，并制作完成的人工智能达利也颇负盛名。影像中的人工智能达利一身西装革履，对真正画家达利的作品进行解说，乍看之下，再生达利与达利本人一模一样。

人工智能达利在制作方法上和别的作品毫无二致。制作者搜集了达利生前的数百个采访影像，先进行智能学习，自动生成达利的面部特征，再让身体特征酷似达利的演员穿上西装，做出各种各样的动作，最后把演员的身体动作和达利的脸合成一体，再生达利就制作完成了。借助这种高仿技术，我们可以把影像中的脸替换到任何人身上。

受新冠疫情的影响，很多人都采用了远程办公的工作模式，用中目云视频（Zoom）等软件开视频会议的时候，甚至有些人会开玩笑地把自己的脸变成奥巴马的脸，或者把自己变成一种动物。

只需本人面对镜头，摆出发怒、微笑等表情，人工智能就可以自动生成假脸，完全不需要人工一笔一笔地描画。因此，人们有必要认真思考一下，理想的新技术是什么样的，怎样才能在不触犯伦理禁忌的前提下使用新技术。

2019 年 9 月 29 日，名为《NHK 特辑：利用人工智能技术复活的美空云雀》的节目一经上映，就轰动一时。

美空云雀生前在 NHK 和各大唱片公司留下了大量的影像资料和音频资料，用人工智能技术复活美空云雀的项目就是以这些资料和数据为基础，由雅马哈公司牵头，通过深度学习

（Deep Learning）来分析美空云雀在录音中的音调和表达等歌唱特征，合成她的歌声，再利用各种旋律和歌词演唱出来。人工智能美空云雀就在节目现场深情演绎了新歌《从那以后》。

说实话，笔者对美空云雀的了解仅限于《柔》《爱灿烂》《川流不息》这几首她的成名曲。在好奇心的驱使下，笔者也试着听了《从那以后》这首歌。人工智能美空云雀竟然模仿得惟妙惟肖，就连美空云雀声音中独有的柔美和温情都演绎得淋漓尽致，使笔者不得不又一次被人工智能技术的强大所折服。

《NHK 特辑：利用人工智能技术复活的美空云雀》栏目一时声名大噪，于是，NHK 电视台趁热打铁，乘势将人工智能美空云雀推到了 2019 年年底的红白歌会❶上。然而，参演红白歌会的人工智能美空云雀却遭到了不少观众的批判。歌手山下达郎更是在广播节目里公开批评人工智能美空云雀是对逝者的亵渎，引起了公众的广泛关注。

利用人工智能技术复活美空云雀的行为一方面让人们见识到了人工智能技术的强大，另一方面也有不少人觉得复活的美空云雀的声音和形象异常恐怖。和山下达郎一样对此持否定意见的人也不在少数，所以对用人工智能技术复原美空云雀项目的批判声一时间喧嚣四起。那么，人们为什么会有这样的反应呢？

---

❶ NHK 自 1951 年开始每年播出一次的音乐节目，通常在每年的 12 月 31 日播出。——译者注

对技术创新的爱与憎

从本质上讲，技术创新的目的就是造福人类社会，归根结底，任何技术都只不过是人类创造出的产物而已。那些认为技术能够解决所有人类烦恼的想法实在是太天真了。然而，人们往往对新技术持有过度乐观的态度，认为技术创新必然会推动社会进步，这种心理倾向被称为"支持创新偏见"（pro-innovation bias）。

支持创新偏见

含义	它指高估新技术能够带来的社会效益，甚至会忽略其缺陷和不足的心理认知倾向。人们习惯性地认为，只要是新发明就会推动社会进步，但是技术革命本身的发生概率很小，让人们空欢喜的事例也不在少数。
具体事例	曾经有人大肆宣扬："如果快中子增殖反应堆❶能够应用到日常生活领域，那么所有的能源问题就能迎刃而解。"然

---

❶ 指没有中子慢化剂的核裂变反应堆。通常的核裂变反应堆，为了提升核燃料的链式裂变反应的效率，需要将裂变产生的高速中子（快中子）减速成为速度较慢的中子（热中子），通常加入较轻的原子核构成的中子慢化剂，比如轻水、重水等，利用里面的氢原子作为高速中子碰撞减速的中子慢化剂。——译者注

而可惜的是，到目前为止，快中子增殖反应堆的实际应用问题依然悬而未决。"如果互联网渗透到社会的每一个角落，办公室办公就没有存在的必要了"，这样的言论不绝于耳。确实，受新冠疫情的影响，远程办公得到了极大的普及，但是我们也应该意识到，单靠远程办公也有实现不了的问题，因此，办公室办公也就不可能完全退出历史舞台。

诚然，像人工智能复原技术这样不断涌现出来的新技术，的确让现有社会发生了一定程度的变化。但人们对这些新科技期待过度，为此"过度评价"的例子也不胜枚举。

"接下来，这项新科技将重磅来袭！"曾经这样大肆宣传过的新科技，到了实际应用阶段，要么是安装困难比预想的要大，要么是成本过高。总之，受种种条件的限制，一些新科技的实际应用之路依然任重道远。

无人驾驶汽车，也是人工智能领域一项具体应用。虽然部分汽车已经能够实现遇到障碍物时自动减速、自动保持安全车距等功能了，但如果要实现完全意义上的无人驾驶，恐怕还有一段很长的路要走。

"硅谷的人工智能技术即将让世界发生天翻地覆的变化"，像这样带有"支持创新偏见"的论调在生活中随处可见，因此，不少人认为我们的社会马上就会发生大变革，其实这种可能性微乎其微。

人工智能将和人类抢饭碗吗

随着人工智能技术的发展，大多数致力于人工智能开发的工程师们相信"技术将改变世界"，另外，也有部分工程师在媒体和民众间大肆散播"人工智能将会抢走人类饭碗"的恐慌情绪，这一行为着实有些不可理喻。

一般来讲，越是专业的技术人员越是认可科技对社会发展的推动作用，然而，在人工智能领域，情况却大相径庭。对人工智能技术持积极态度的反而是商业界人士，尤其是商务咨询领域的人士。开发人工智能的技术人员反而奉劝他们不要盲目乐观，这一现象着实让人费解。

实不相瞒，从前几年开始，书店里关于"人工智能将会抢走人类饭碗"的图书有很多，我也是一名技术人员，每当看到那些夸大其词的图书都觉得十分气愤。

人们之所以对人工智能持有这种论调，其源头可以追溯到 2013 年牛津大学副教授卡尔·贝内迪克特·弗雷（Carl Benedikt Frey）和迈克尔·A. 奥斯本（Michael A. Osborne）共同署名的一篇名为《就业的未来》（*The Future of Employment*）的文章，该文章指出："在未来 10~20 年内，47% 的劳动人口很有可能会被机器所取代。"

大部分人会认为依据数字分析和概率测算得出的结论可信度更高。在这篇论文中，作者运用"高斯过程分类法"（Gaussian Process Classification，GPC），即运用正态分布算法的回归分析法 ❶，对数据进行了具体说明。

通俗一点来说，就是作者首先从美国劳工统计局定义的702 种职业中筛选出了几十种必备的技能，然后请哈佛大学的知识分子从 702 种职业里挑选出 70 种必备技能，并对这 70 种技能进行了更深层次的研究，能够用机器替代的职业用数字 1 来表示，不能替代的用数字 0 来表示，把最终形成的数据作为"基础数据"。

利用机器学习基础数据中那些有可能实现自动化的技能，并将结论做成数据模型，再把模型与 702 种职业相对应，就可以求得某个职业被人工智能取代的概率。研究结果发现，在自动化概率超过 70% 的所有职业中，共涵盖的劳动人口数占全体劳动人口数的 47%。研究结果如图 4-3 所示。上面这个堆叠面积图的全部面积，表示美国的全部劳动人口数量。

横轴是被人工智能取代的概率，这就意味着越靠右，实现自动化的可能性越大。从图 4-3 中我们可以发现，越是与服务行业相关的职业，越是与体力劳动相关的职业，实现自动化

---

❶ 利用数据统计原理，对大量统计数据进行数学处理，并确定因变量与某些自变量的相互关系，建立一个相关性较好的回归方程（函数表达式），并加以外推，用于预测今后的因变量的变化的分析方法。——译者注

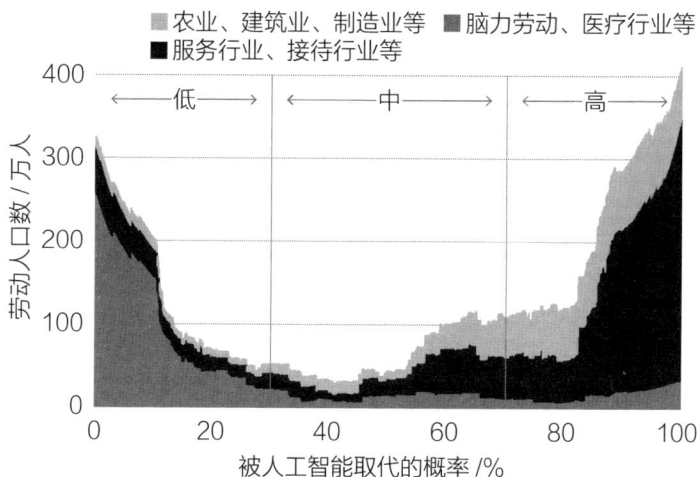

图 4-3　将会被人工智能替代的劳动人口数

的可能性就越高；越是依靠脑力劳动的职业，就越难以实现自动化。

"依靠人工智能实现工作自动化的概率"这种问题，原本只能定性分析，而《就业的未来》这篇论文独辟蹊径，把原本只能通过定性分析来研究的问题做了定量分析。因此，这篇论文是研究领域一个重要的分水岭。以此为契机，全世界范围内都掀起了对人工智能的研究分析热潮。

正因为卡尔·贝内迪克特·弗雷等人在《就业的未来》这篇文章中把定性问题做了定量分析，其不足之处也显而易见，人们诟病的地方主要集中在以下两个方面。

第一，事实上，只有技能可以作为实现自动化的对象，而在卡尔·贝内迪克特·弗雷等人的论文中，把机器能够实现的某一项技能直接替换成了上位概念❶——职业。具体来说，按照卡尔·贝内迪克特·弗雷等人的观点，可以这样推断："只要实现了无人驾驶，那么所有的驾驶员就会失业。"但事实上，这种推论的可信度并不高。欧洲经济研究中心的研究员梅拉尼·昂茨等人，针对卡尔·贝内迪克特·弗雷等人论文的不足之处，把每个职业分解成了具体的单项任务，重新评估了每一个任务通过人工智能实现自动化的概率，最后把每个任务的自动化概率换算成了相应职业的自动化概率（图 4-4）。

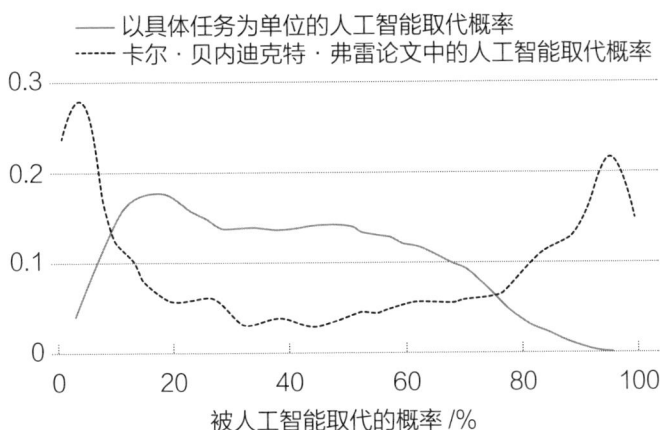

图 4-4　将会被人工智能取代的劳动人口数（以任务为单位）

梅拉尼·昂茨等人的研究结果表明，利用人工智能实现自动化概率超过 70% 的职业，在亚太经济合作组织的 21 个成

---

❶　一类满足一定特点的众多具体概念的总称（集合），也称为"抽象概念"。——译者注

员中，平均只占全部职业数的 9%。

第二，完全忽视了人工智能普及后，新任务或新职业诞生的可能性。比如，回望过去的历史，我们就会发现，随着计算机的出现，多数的任务和职业都实现了自动化。但恰恰是计算机的普及，产生了比以往更多的职业。然而，卡尔·贝内迪克特·弗雷等人的论文，完全没有考虑到随着人工智能的普及新兴任务或新职业可能带来的就业机会。

综上所述，卡尔·贝内迪克特·弗雷等人的论文由于受到了方方面面的批判，在发表后直到今天，其中的大部分观点都已被否定了，甚至出现了大量与他们论文的观点完全相反的认知。因而，"人工智能威胁论"只不过是一个不切实际的臆测而已。

向沉默的大多数发起挑战

话虽这么说，但是完全把人工智能当作臆测来对待也是不恰当的。正因为人工智能是新技术，所以人们很难认识到它真正的价值。于是，有人对此做出了过高的评价，也有人对此做出了过低的评价，这都是人之常情。

本来，新技术层出不穷，人们难免跟不上它的脚步。所以，只有少部分人能够率先适应新技术，而大多数人后知后觉，只能被新技术牵着鼻子走。人工智能美空云雀就是这样一个典型事例，有人批判，也有人赞誉。

如图 4-5 所示，在服务行业率先发起革命的"创新者"（Innovators）群体只占全体人数的 2.5%，紧接着，率先使用新技术的"早期采用者"（Early Adopters）群体也只占全体人数的 13.5%，待新技术普及"早期大众"（Early Majority）群体后，迅速呈爆发性的增长趋势，类似这样的例子数不胜数。另外，也有迟迟不肯使用新技术或新服务的"晚期大众"（Late Majority）。即使某项技术已得到完全普及，也有固执己见、拒绝使用的"落后者"（Laggards）。

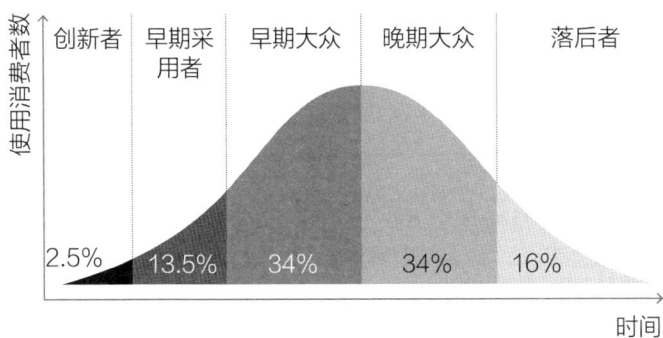

图 4-5　不同阶段消费者对新技术的接受态度

以上我们只不过是列举了每个阶段消费者的特征，并不是想借此评论哪种消费者好，抑或是哪种消费者不好。针对是否采纳新技术这个问题，人们会表现出截然不同的态度，希望读者们能够事先了解这一点。然而，作为创新者也好，早期采用者也罢，我们常常只站在自己的立场上思考问题，而遗忘了晚期大众和落后者群体的存在。"因为自己喜欢，所以别人应该也很中意""因为我很讨厌，所以别人应该也很嫌弃"，这样的认知偏差时常出现。这种思维倾向被称为"投射偏差"（projection bias）。

投射偏差

含义	这是一种认为别人和自己想的一样，别人会赞同自己的观点，因而把自己的想法投射到别人身上的认知倾向。人们往往不愿意去尝试理解别人的想法，而常常把自己的想法强加于人。
具体事例	政治家们往往喜欢口出狂言："那个家伙没脑子，我才不帮他。""我领悟能力非凡，能够轻易看透别人的心思。"像这样的"政治狂言"想必大家都听过不少，究其根源，就是受"投射偏差"的影响，认为"大家都和我想得一样"，至少说出这种话的人绝不会认为自己是"口不择言"。

就拿"利用人工智能技术复原美空云雀"这件事来说，从技术层面上看，它算得上是一个了不起的项目，可有人却偏偏想从审美的角度、伦理的角度去评判它，看看人工智能美空云雀是否有审美价值、是否符合人伦道德。

当然，既然让人工智能美空云雀出演红白歌会，观众们有自己的评判标准也是再正常不过的事了。比如，观众们会判断人工智能美空云雀让人觉得"有趣吗"，她的形象让人感到"愉快吗"。然而笔者依然想说，人工智能美空云雀作为人工智能技术的应用先驱，还是希望大家多给予它积极的评价。

虽然人们的审美各不相同，但也希望大家不要一味地吐槽新科技，希望大家在听取研发人员观点，了解研发动机的基础上，再做出合理的评价，这是新科技助推社会进步过程中必不可少的一环。

当然，从创作狂热的角度来说，有意地策划多数人觉得不靠谱的项目，反而容易引发狂热现象。然而，就此次事件而言，人工智能美空云雀项目的策划方也不希望自己的产品引发这么多负面评论吧。

无论是在卡尔·贝内迪克特·弗雷的论文中，还是在与他的论点截然相反的论文中，至少有一点是双方都认可的，那就是借助人工智能，某些任务和工作可以实现自动化。随着以人工智能为代表的新技术的发展与运用，我们的社会正在发生日新月异的变化，这一过程通常被称作"数字化转型"（Digital Transformation）。作为数字化转型的重要一环，各种任务和工作也会不断地朝着自动化和数字化的方向发展下去。

如此一来，不懂数字化的人就会很难跟上社会发展的步伐，他们的失业也会是板上钉钉的事了。为了应对这种类型的失业危机，欧美各国率先开设了应对数字化的回归教育（Recurrent Education）。

而反观日本，政府有哪些举措呢？无论成人再教育措施能否规避失业危机，在当前的日本社会，笔者深刻感受到日本正在逐渐变成一个对过去的常识深信不疑的人一定会吃亏的社会。不管怎么说，如今现实社会中还有许多悬而未决的问题，一直坐视不管肯定是不行的，也不是所有问题都可以按照以往的经验来解决。如果仅仅满足于现状，对过去的成功体验沾沾自喜的话，那么不管到什么时候，我们就只能被囚禁于原地踏步的牢笼中。

不管是赞成极端言论的人们，还是陷入"支持创新偏见"的人们，其实在日本民众的内心深处，都对一成不变的日本感到担忧。

看到人们对新科技的态度有着天壤之别，那些害怕失败的掌权者们，在历尽艰险开发出来的新产品面前也难免瞻前顾后，往往对新技术有一种说不清道不明的恐慌。正因如此，长此以往，新技术和新产品的研发者们就会认为日本是个对创新者没有什么吸引力的社会，研发者们有这样的感觉已经不是一天两天了。

第 5 章

谎言比真相更善于
乔装打扮

寓言故事 5:《弃母山》

相传,很久以前,有个国王昏庸无道,他下了一道残酷的圣旨。他认为年老体衰的老家伙一无是处,必须把他们扔到深山老林,连自己的父母双亲也不例外。

有一个儿子不敢抗旨,不得不扔掉泣不成声的老母亲。但是,他不忍心丢下年迈的老母亲,于是又把老母亲从山上背了回来,藏在家里的地板下面,每天偷偷地照顾着。

过了不久,这个国王遭到了邻国的威胁,如果解不出下面这两道难题,国家就会有灭国之灾。问题如下:

"有两匹马,长相、毛色和体格大小完全一样,猜猜哪匹是母马,哪匹是小马?"

"交出一个不敲就能发出声响的大鼓。"

无计可施的国王只能发出布告,在全国范围内搜罗好点子。听到这个消息的老母亲给出了下面的答案:

　　"在两匹马面前放一只装着草的桶，母马会让小
马先吃。"

　　"把大鼓的鼓皮剥开，往里面装一群活蜜蜂，再
重新粘好鼓皮。蜜蜂在鼓里横冲直撞，碰到鼓皮后，
大鼓自然会发出声响。"

　　儿子立即把老母亲的点子献给了国王。邻国看
到答案后大吃一惊，意识到原来敌国有这么厉害的
智者，与这样的国家交战实在太危险了，只能就此
罢手。

　　得知一个老妇人让国家幸免于灾难后，这个国
王痛改前非，再也不把老人当废物看待了。为此，
国王不仅大大奖赏了这对母子，还收回了圣旨，此
后一直尊重和善待老年人。

　　在这则寓言故事中，把没用的老年人扔到山里的圣旨，
可以说是相当极端的。在现实社会中，不管是出于什么样的理
由，这样的政策都是不可能被实施的。即使是在老龄化问题极
其严重的当今日本社会，也不可能制定出弃母政策。

　　不过话说回来，受少子化影响，近年来日本的年轻人口
数量持续减少，因此，让年轻一代负担社会养老金的现状，恐
怕也难以为继。于是，越来越多的人提议，除了年轻人，老年

人也应该支付持续增加的社会保障金。然而，在老年人群体中，收入水平的差距依然很大，尤其对于那些已经十分贫困的老年人而言，不断增加的保障金就等同于弃母行为。

这么看来，因为最终导致的实质性结果都一样，不同年代的弃母政策，无非是在程度或措辞上有所不同罢了。既然没有万全之策，那总得有人来背锅。面对这样的困境，那些不得不做出决策的当权者，到底该怎样抉择呢？

"只能让部分人去背锅"，如果就这么直白地把真相告诉全体民众的话，那些决策者肯定会遭到讨伐。

什么样的人更了解概率

为什么彩票会经久不衰

如果有人问笔者"最喜欢的综艺节目是什么"，笔者会不假思索地回答：是朝日电视台的综艺节目《十万元能行吗？》。这个节目邀请嘉宾花 10 万日元购买彩券、刮刮乐、扭蛋或福袋等东西，看看他们能不能赚回本钱。整个过程由人气组合 Kis-My-Ft2❶ 的成员进行夸张、搞笑的外景拍摄，由"三明治人"组合 ❷ 进行现场解说。

笔者偶尔也会买刮刮乐，买的话一定买"萌宠刮刮乐❸"。笔者会在遛狗回来的路上花 2000 日元买几张刮刮乐，一边心里期待着"要是中奖就好了，中奖了我就去吃一顿大餐"，一边兴致勃勃地刮奖。当然，大部分情况下都没能中奖，最多的一次才中了六等奖，也就是 200 日元，只有本钱的

❶ 日本杰尼斯事务所旗下的男子组合。——译者注
❷ 日本搞笑艺人组合。——译者注
❸ 刮刮乐的一种，卡片表面以狗和招财猫为主，刮开涂层，可以当场知道中奖结果。——译者注

十分之一。

面对那些沉迷于购买彩券或刮刮乐的人，大部分人都会批评他们"把钱扔沟里了""期望值远远比不上资金投入，买彩票那种赔本的买卖，傻子才干"。说实话，笔者也被人这样批评过很多次。顺便补充一下，所谓的"期望值"指的是某个概率性事件在结果上的平均值，把它看成结果的平均值即可。

比如，从图 5-1 中就可以看出，正方体骰子六个面的数字分别是 1~6，每次投掷骰子可能出现的结果的概率乘其结果的总和是 3.5。每个数字出现的概率都是相等的，即数字 1 和数字 6 出现的概率是相等的。

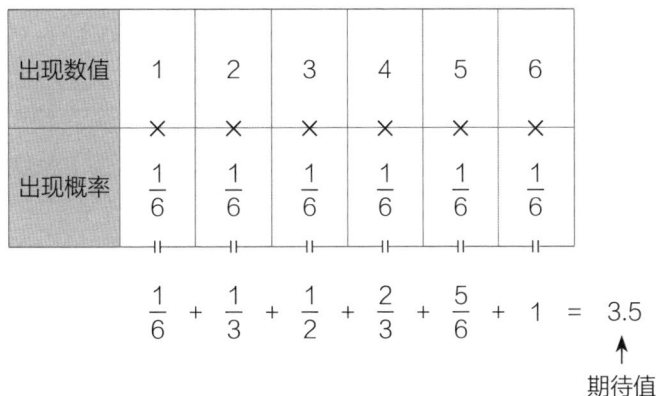

出现数值	1	2	3	4	5	6
	$\times$	$\times$	$\times$	$\times$	$\times$	$\times$
出现概率	$\frac{1}{6}$	$\frac{1}{6}$	$\frac{1}{6}$	$\frac{1}{6}$	$\frac{1}{6}$	$\frac{1}{6}$

$$\frac{1}{6} + \frac{1}{3} + \frac{1}{2} + \frac{2}{3} + \frac{5}{6} + 1 = 3.5$$

↑
期待值

图 5-1　掷骰子最终的期望值

掷骰子一定会投出 3.5 吗？不会，一定会集中在 3 或 4 两个数字上吗？也不一定。但是随着你掷骰子的次数越多，你投出来骰子的均值就会越接近 3.5 这个数字，这就是期望值。

按照同样的算法，我们计算一下 2019 年年终巨匠
（JUMBO0）彩券的期望值吧（表 5-1）。从一等奖到七等奖，
外加年终特等幸运奖，买一注 300 日元的彩券，回报的期望值
是 150 日元。读者朋友们请这么想：这么多人花 300 日元买彩
票，最终平均能赚回 150 日元。偶尔有人运气好，能一下子中
7 亿日元，但大部分人连一分本钱都赚不回来。

表 5-1　2019 年年终巨匠彩券的期望值

等级	中奖金额 / 日元	中奖概率	期望值
一等奖	700000000	20000000/1	35
次一等奖	150000000	10000000/1	15
一等组差异奖	100000	100000/1	1
二等奖	10000000	6660000/1	2
三等奖	1000000	200000/1	5
四等奖	100000	10000/1	10
五等奖	10000	500/1	20
六等奖	3000	100/1	30
七等奖	300	10/1	30
年终特等幸运奖	20000	10000/1	2
合计			150

看到上面这个事实，肯定有不少人会认为，买彩票是一
件相当吃亏的事情。当然中大奖把本赚回来的可能性也是有

的，但绝大多数情况下购买彩券都中不了奖，期望值也是相当低的。

按同样的方法算一下"萌宠刮刮乐"的期望值吧，结果算下来，买一注 200 日元的刮刮乐，回报的期望值是 90 日元（表 5–2）。也就是说，人们花 200 日元，平均回本 90 日元。

表 5–2 "萌宠刮刮乐"的期望值

等级	中奖金额 / 日元	中奖概率	期望值
一等奖	300000	20000/1	15
二等奖	30000	3333/1	9
三等奖	10000	1000/1	10
四等奖	5000	313/1	16
五等奖	1000	50/1	20
六等奖	200	10/1	20
合计			90

通过上面的计算，我们可以发现，年终巨匠彩券的回报期望值是 50%，"萌宠刮刮乐"的回报期望值是 45%。虽然"萌宠刮刮乐"彩票的名字很可爱，但其实是一种相当黑心的买卖。

正在阅读本书的读者可能会想，你既然知道刮刮乐的期望值，那就该金盆洗手，再也不买了吧。然而很遗憾，笔者还是忍不住想买。要问为什么，那就是能不能中奖倒是其次，关键是我想体验刮奖时那种既欣喜又忐忑的刺激感。所以，"把钱扔沟里了""回报期望值远远低于本金投入"，这样的批评并不准确。如果人们并不是冲着高额奖金才买的刮刮乐，而只是想寻求一种刺激感、新鲜感，那即便没有中奖，大家的目的也达到了。

因而，笔者认为购买"萌宠刮刮乐"物有所值。人们所追求的不仅仅是几张刮刮乐彩票，而是花费 2000 日元就能体验到的代偿服务，即忐忑不安的刺激感。

《10 万日元能行吗？》这档节目经久不衰，就足以证明像笔者一样想体验新鲜刺激感的人大有人在。观众只看看电视节目，也不用心疼自己钱包里的钱，还能让自己放松愉悦，岂不是一举两得？

偏见之"凡事有再二就有再三"

《10 万日元能行吗？》节目的特别篇《买年终巨匠彩券能中多少钱》于 2020 年 1 月 13 日播出，令人意想不到的是，此次节目中的嘉宾连续多次中了巨额奖金，一时间成为舆论的焦点。

本期节目嘉宾除 Kis-My-Ft2 组合以外，还有"三明治人"组合、"EXIT"组合、"枫叶超合金"组合和"四千头身"组合。参演嘉宾一共有 16 人，购买的彩券分为年终巨匠彩券、年终巨匠迷你彩券两种类型，每个人分别购买 333 注，开奖后

16 人中有 5 人中奖，而且中奖金额都在 10 万日元以上。

其中，Kis-My-Ft2 组合的成员藤谷太辅买了 333 注年终巨匠迷你彩券，连续中了 6 张价值 10 万日元的四等奖（中奖概率为 0.3%）。对于藤谷太辅的超级好运，很多观众觉得不可思议，是因为明星的气场太强大了吗？

也有不少观众认为这么巧合的事不可能发生，甚至怀疑节目组为了收视率，事先做了手脚。那么，藤谷太辅的超级好运到底有多大的概率呢？让我们用"二项分布"公式来计算一下吧。

"抛一枚硬币，出现的结果不是正面就是反面""买彩票，要么中奖，要么不中奖"，就像这样，在同样的条件下随机进行试验，而实验只有两种可能的结果，即发生或不发生，这类实验被称作"伯努利试验"（Bernoulli Experiment）。

如果成功的概率是 P，那么失败的概率就用（$1-P$）来表示。一般情况下，抛一枚硬币，不管抛 1 次，还是抛 2 次，成功的概率 P 都是相同的，而且第 1 次的结果不会对第 2 次的结果产生任何影响。反过来讲，如果实验的先后顺序对成功的概率产生影响，或者前一次的结果对其后的结果产生影响，那就不是"伯努利试验"。前面提到的藤谷太辅中奖事件里，每一张彩票中奖的成功概率 P 是相同的，第一张彩票是否中奖，并不会对第二张产生影响，因而作为"伯努利试验"是成立的。

如果进行 n 次独立重复的伯努利试验，成功次数 x 的离散概率分布就是"二项分布"。这么说可能有点不好理解，那么笔者再从头到尾做个更加详细的说明吧。比如，投了 10 次硬币，那么会出现几次正面呢？（正面出现的概率为 50%）正面出现的次数有可能是 0，也可能是 10，大致范围是在 4~6 次。利用二项分布公式，可以计算出正面出现 0 次的概率，也可以计算出正面出现 10 次和 5 次的概率。这里姑且略去详细的计算公式，图 5-2 是计算结果。抛一枚硬币，不是出现正面，就是出现反面，反正二者必有其一。所以，一般人都会认为，如果抛 10 次硬币，那么正面会出现 5 次，但事实上，正面出现 5 次的概率仅仅只有 25%。

如图 5-2 所示，抛 10 次硬币的话，正面出现 4 次和 6 次的概率分别为 20%，所以，正面出现 4 次、5 次、6 次的概率之和为 66%。换句话说，如果投硬币实验连续进行 3 轮，每一轮都抛 10 次，就有 2 轮是"正面出现 4~6 次"，有 1 轮是"正面出现 0~3 次，或者正面出现 7~10 次"。

硬币正面出现的概率明明有 50%，但是抛 10 次的话，正面有可能 1 次都不会出现，这种结果出现的概率为 0.1%，虽说发生的概率极小，但也不能说完全不可能发生。所以，事件发生的概率和实际发生的事情，有可能大相径庭。

如果一开始的 2 次投掷出现的都是正面，接下来的 4 次投掷出现的都是反面，那么从短期来看，"出现正面的概率"就像图 5-3 所示，会大幅度波动。但是重复投掷几十次的话，概

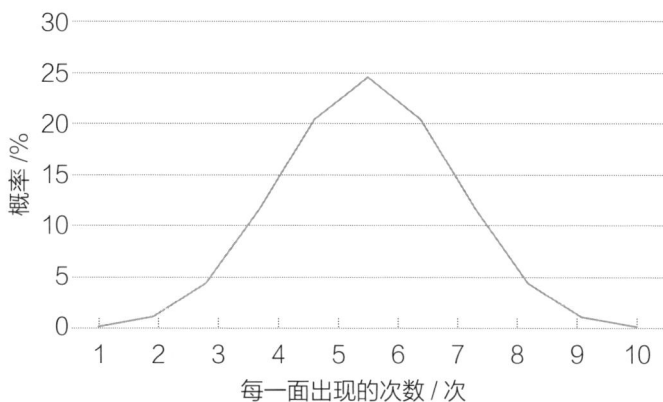

0次	1次	2次	3次	4次	5次	6次	7次	8次	9次	10次
0.10%	0.98%	4.39%	11.72%	20.51%	24.61%	20.51%	11.72%	4.39%	0.98%	0.10%

图 5-2　二项分布

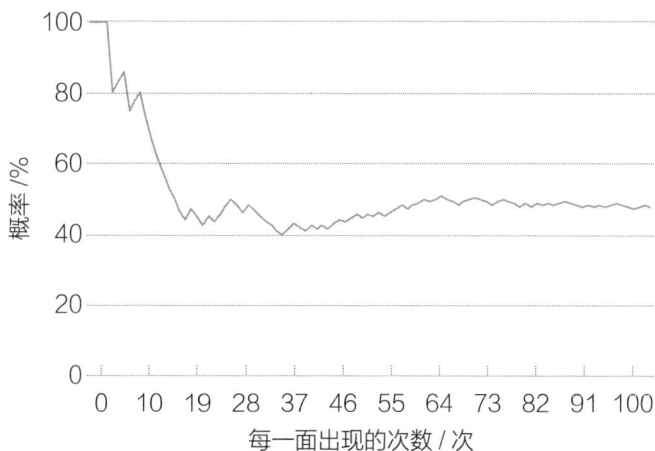

图 5-3　伯努利试验的概率集中图

率就会逐渐趋于稳定，实际发生的事情也会逐渐接近算法上的概率。理性地思考一下，的确如此，但依然有很多人难以从心底接受这个事实。也许，人类在概率事件面前显得太无知了。

买扭蛋，有 1% 的概率会喜获隐藏款。那么，连续买 100 次也碰不到隐藏款的概率有多大呢？我认为，买扭蛋也是一种伯努利试验。因为有这么一个前提：拆扭蛋时，每一次拆到隐藏款的概率都不会发生改变，而且第一次的结果不会影响第二次的结果。所以我们应该换一种思考方式，不去考虑"1% 的中奖概率"，而是去思考"不能中奖的概率是 99%，还有连续重复 100 次的中奖概率"。正确答案是 37%，比我们预想的要高很多。

细细想来，我们都明白抽到隐藏款的概率是 1% 的话，那么有很大可能抽不到隐藏款，但是直觉告诉我们抽 100 回，也许就能抽到隐藏款。这种理性思维和感性思维的鸿沟，会导致人们产生巨大的认知偏差。

过分依赖运气的人们

回到前文说过的藤谷太辅连续中奖事件，我们利用二项分布公式，计算一下 333 张彩票里中 6 张价值 10 万日元四等奖（中奖率为 0.3%）的概率吧。

中奖的概率是 1/333，也就是大约 0.3%。反过来讲，不中奖的概率是 99.7%，先算一下连续 333 张都不中奖的概率。正确答案是大约 37%。反过来讲，至少有一张彩票中四等奖的概率大约是 63%。具体的概率数据如图 5-4 所示。顺便补充一点，虽然下面的图中没有显示，但是我们可以知道，333 张彩票里，至少有 10 张彩票中奖的概率是 0.00001%，可以说，这个概率相当小。

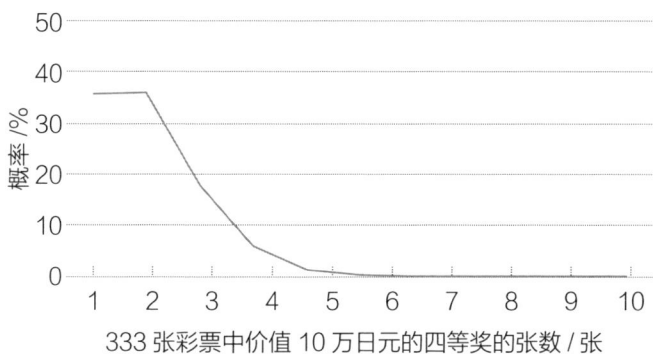

0张	1张	2张	3张	4张	5张	6张	7张	8张	9张	10张
36.73%	36.84%	18.42%	6.12%	1.52%	0.30%	0.05%	0.01%	0.00%	0.00%	0.00%

图 5-4　在 333 张彩票里中价值 10 万日元的四等奖（中奖率为 0.3%）的概率

根据美国国家运输安全委员会的统计，从全世界航空公司发生坠机事件概率的平均值来看，乘坐的飞机发生坠机的概率是 0.0009%。所以说，333 张彩票中 10 张彩票中四等奖的概率，比坠机的概率要小得多。

藤谷太辅买的 333 张彩票中，6 张都中奖的概率大约是

0.05%，也就是 10000 次里面会发生 5 次。发生了概率这么小的事情，一般情况下很难发生的事情竟然发生了，这不就意味着节目组做了手脚吗？也许大多数人会这么想，但是，我们不能断言小概率事件就等同于不会发生。

小概率事件并不等于事件发生的可能性为零。比如抛硬币，连续 5 次都出现正面。这种事件发生的概率是 3%，并不大。但这种事情确确实实发生了，对此，我们没必要大惊小怪。就像上文提到的那样，面对概率性事件，人们总是容易做出错误的判断。这种倾向也被称为"赌徒谬误"（Gambler's Fallacy）。

赌徒谬误

含义	它指人们侧重主观判断，而不是基于概率论去预测事情发展走势的倾向。比如，尝试抛几次硬币，连续 3 次出现了正面的情况下，人们会基于之前的结果做出判断，认为"接下来一定会出现反面""接下来有可能出现反面"（原本正反面出现的概率各占 50%）。
具体事例	1913 年 8 月 18 日，在某次轮盘（Roulette）游戏中，小球连续 26 次都停留在黑色的位置。假设转盘没有受到人为的操控，那么小球连续 26 次停留在同一个颜色（黑色

或者红色）的概率是 1/66600000，发生这种事情，实属
罕见。"黑色持续这么多次了，下一次一定是红色"，心
里是这么想的人肯定破产了吧。

抛硬币时，连续 5 次都出现了正面，那么第 6 次会出现正
面还是反面呢？抛硬币属于伯努利试验，所以不管抛几次，正
反面出现的概率都不会发生改变，而且前一次的结果丝毫不会
对后一次的结果造成影响。然而，赌徒却往往更相信顺序和运
气，固执地想从随机事件的结果中寻找出规律，结果导致判断
失误，血本无归，甚至倾家荡产。

坐落于东京有乐町的"西银座机会中心彩券行"，顾客排
长龙买彩票的壮观场面在全日本绝对是独一无二的。尤其到了
年终巨匠彩券的旺季，为了买彩票的人们排起长长的队伍，被
人们戏称为"大队列"。

之所以有这么多人在"西银座机会中心彩券行"排队买
彩票，就因为这个地方是巨额奖金得主经常出现的卖场。本
来，排队的人越多，就说明在这个地方买彩票的顾客越多，相
应地产生巨额奖金得主的概率也就越大，这也在情理之中。像
这样不立足于准确的概率做判断的倾向，被称为"忽略可能
性"（Neglect of Probability）。

忽略可能性

含义	它指完全无视概率的判断倾向。对于不确定的事，由于人们没办法凭直觉去估计其发生的概率，因此做决策时较小的风险要么被决策者大大地高估，要么就被完全忽视。
具体事例	在飞机、电车、船舶、汽车等交通工具中，发生交通事故概率最高的其实是汽车，然而，也许是空难带给人们的印象太深刻了，以至于有不少人对坐飞机这种出行方式避之不及。 无独有偶，"3·11"日本大地震已经造成福岛第一核电站核泄漏事故，尽管泄漏事故与地震、海啸灾难有密切的关系，当局者还是以"不会再发生那么高级别的地震了"为托词，继续在日本范围内大兴核电站建设。

总而言之，人类是不善于直面概率的生物。藤谷太辅能连中 6 张 10 万日元的彩票大奖，从概率上来看是不大可能发生的小概率事件。只不过，即便是小概率事件，也是有可能发生的，并不是节目组不动手脚绝不会发生的事件。故而，观众以小概率事件为由，质疑节目组动了手脚，这一行为着实有些不可理喻。

如果问观众为什么会产生这样的怀疑？主要是观众忽视

了一个事实，那就是即便是小概率事件，也会有一定的概率发生。就拿之前提到的"忽略可能性"的事例来说，因为"大地震不经常发生，所以暂且搁置核泄漏的应对措施"的观点，与观众对节目组的怀疑如出一辙。

针对核泄漏问题，人们的立场可能不尽相同。但是，从概率的角度考虑，即使因大地震导致核电站泄露的事件是"小概率事件，但也确确实实会发生"，这一点毋庸置疑。而受认知偏差的影响，人们在做出判断时往往容易忽视事件的概率性。

现实生活中，对那些赌棍和沉迷于买彩票的人，周围人的责备往往不绝于耳："明明中不了奖，还一个劲地买，简直是冥顽不化，愚不可及！""你难道不会算中奖概率吗？"虽说这样的指责也有一定道理，但在笔者看来，这只是不了解博弈乐趣的人的一家之言，他们还未能深刻了解人性。

告诫那些在"西银座机会中心彩券行"排队买彩票的人："你中奖的概率很小。"就如同告诉他们地球是圆的一样，买彩票的人对自己中奖率小的事心知肚明，他们或许只想体验刮奖时的刺激感，而劝诫的人反复在他们耳朵叨叨低中奖率的事实，没有任何实际意义。

另外，对买彩票大加指责的人也在某种程度上忽视了小概率事件也是有可能会发生的。更进一步讲，我们只有在洞察到人类不善于应对事件概率问题的基础上，才能利用人类这一认知偏差，创作出"恶魔产品"。生活中，彩票时至今日依然热度不减，手机中的扭蛋游戏人气爆棚，都是商家洞察到人类本性的结果。

话虽如此，如果我们不学习一点概率论知识的话，就会陷入那些利用概率认知偏差来骗人的商业陷阱中去。如果有人认为，带有欺骗性的商业活动也能让人产生猎奇感，那真是暴露了人性的本质。

权威认定手法之排名

❦ 为什么日本人如此喜欢排行榜呢

都说日本人喜欢排行榜。从古代的"相扑力士排行榜"到最近的"理想型上司排行榜",凡事不论古今中外,日本人都喜欢论资排辈。

排名并不是日本人独有的特色,法国知名轮胎制造商米其林公司所出版的美食及旅游指南图书《米其林指南》,也对全世界的餐厅及旅馆进行了评鉴和排名。无论在哪儿的人都一样,都想去《米其林指南》榜上有名的三星级餐厅吃饭。

人们为什么会如此天真地相信排行榜呢?如果排名参照的是面积、人口等全世界通用的标尺,可信度自然会高,相信排名倒也无可厚非。关键是部分不被大众认可、有争议性的项目也会榜上有名。

运营房地产买卖、房屋租赁的网站"SUUMO",每年会向日本民众公布最想居住街区排行榜,虽然可信度也不算低,但排名结果总是会被推到舆论的风口浪尖。2019 年在"关西圈最想居住街区(车站附近)排行榜"的前 20 名中,第 7 名是京都站（JR❶东海道本线），第 12 名是桂站（阪急京都本线），第 14 名是岚山站（阪急岚山线），与 2018 年相比，京都所属地区的排名有所上升。

然而，在同时期公布的最想居住的行政区域排行榜中，京都地区的第 10 名是京都市中京区，第 16 名是京都市北区，第 20 名是京都市左京区。

对比一下两个排行榜就会发现，最想居住的街区（车站附近）排行榜排名靠前的京都站属于下京区，桂站和岚山站属于西京区。这样一看，就会发现最想居住的行政区域排行榜和关西圈最想居住街区（车站附近）排行榜的排名结果自相矛盾。

此外，最想居住的行政区域排行榜的结果显示，下京区排名第 30，西京区排名第 47，和最想居住街区（车站附近）排行榜相对比的话，会发现排名结果有很大出入。在我看来，这有可能是由于人们的误会导致的。

举个例子，东京品川区的地下铁车站目黑站虽然站名为目黑站，但所在地却是品川区，同理，如果普通人不了解京都的具体地理情况，也有可能会误以为京都站就在中京区，但这只不过是笔者的推测而已。

也许，对京都不甚了解的人们单纯凭借感觉，把代表京

---

❶ 即日本铁路公司，日本的大型铁路公司集团。——译者注

都的车站当成了"京都站"，把代表京都的行政区域当成了"中京区"，这种错觉也对最想居住街区（车站附近）排行榜产生了影响。

人们一听到"××排行榜第一名"总觉得很厉害。但事实上，打造出一个第一名并非什么难事。比如，日本最大的电商平台——乐天，把销售的商品种类分成 6 大项目，其中的一大项目又会细化成 39 个大类。其中一个"减肥和健康"大类又可以细化成"减肥""营养品""健康食品"等 8 个中类（品类），"减肥"这个中类又可以向下细化成"减肥饮料""减肥甜食"等 6 个小类（品种），"减肥饮料"这个小类又可以向下细化成"减肥茶""减肥咖啡"等 9 个小小类（细目）。

既然能细分成这么多小类，那么相对而言，获得排行榜第一名也不是什么难事。即便如此，商家还是以"××排行榜第一名"为噱头，对自己的产品进行大肆宣传。我们还可以借助性别和年龄层这样的坐标轴再进行细化分类，这样一来，获得排行榜第一名就变得愈发简单了。

陷阱之"客观的数据"

绝大多数的排名大抵可以分成两类，一类是统计了销售量等真实数据之后形成的排名，另一类是基于问卷调查而产生的排名。

在市场调研的实际操作中，基于问卷调查的排名备受市场调研员的青睐。一个人的意见是主观的，但一群人的意见就可以作为客观数据通用。收集的意见越多，客观性就越强，而某一个人意见的权重就会相对下降。

很可惜，我们绝大多数人都不太在意抽样数量，反而轻信排名。这种认知倾向也被称为"对样本规模不敏感"（Insensitivity to Sample Size）。

对样本规模不敏感

含义	它指人们仅仅对少量的样本进行了调研，就以为把握了事物的整体趋势，只关注少量代表性数值的倾向。尤其是对于比例问题，如果无视收集的样本数量，人们就会看错数据。没有听取绝大多数人的意见，只是采纳了少数人的高评价就进行宣传，并宣扬人们都认可这一产品的评价，这显示是与事实不符的。
具体事例	比如，抛了 4 回硬币，正面出现了 1 回，就把这个硬币看成正面出现率是 20% 的硬币，这种做法显然是不对的。硬币出现正面的概率是 50%，为了验证这个命题，仅仅抛 4 回硬币，样本数量明显不足。 同样的，宣传"80% 的人都认为 A 比 B 好吃"，但实际情

况是受访者只有 10 人，且多数受访者觉得 A 比 B 好吃。
要是再增加几位受访者，结果就有可能截然相反了。

诚然，样本量数据越多越好，多多益善。但无条件地听
从大多数人的意见也绝非好事。例如，在新宿站前随机采访了
几位白领女性，问她们最喜欢的时装品牌是什么。那到底能不
能说这个采访结果代表白领女性的意见呢？虽然都是白领女
性，但是新宿地区的白领女性和丸之内地区的白领女性，以
及品川地区的白领女性，她们的喜好可能不尽相同。原本新
宿地区的时装品牌店铺鳞次栉比，如果受访的白领女性恰好
想起了刚刚看到的品牌，随口回答，那么采访的结果必然会
产生偏差。因而，不仅样本的数量重要，样本的质量也同样
关键。

为此，市场调研员必须尽量避免原始数据的偏差，如果
收集的原始数据有纰漏，那数据分析师只好重新开始数据的统
计作业，这样的例子比比皆是。

原本要统计出客观的数据，并对此加以分析，就需要按
照图 5-5 中的正确流程图，进行一步步推论。因而可以说，没
有立足客观数据就编制的排名是被某种意图歪曲的排名。也许
正因为人们不了解数据分析的内幕，才会对所谓的排名和分析
结果深信不疑。

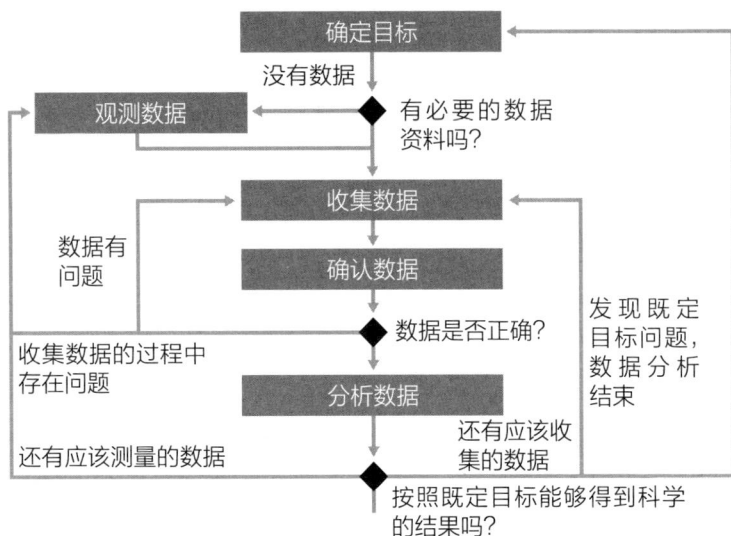

图 5-5　客观数据分析的流程图

数据可以根据喜好随意被捏造

如果我们希望让排名尽可能客观真实，就需要避免轻信捏造的陷阱数据。我们可以留心以下两点。

第一点是数据的可靠性。基本样本的数量不多，或者样本数据集中在某一特定的年代、场所、嗜好中，这些情况都会影响数据的可信度。由此可见，样本的抽样方式至关重要，而统计学正是一门这样的学问，它可以论证样本的数量是否真实可信。

受新冠疫情的影响，日本政府大力倡导民众居家办公。那么到底有多少企业可以实线远程办公呢？针对这个问题，日本东京商工会议所开展了一项调查（调查时段为 2020 年 3 月 13 日至 3 月 31 日），于 2020 年 4 月 18 日公开了调查结果。调查结果显示，在 1333 家企业中，能够实现远程办公的公司占总数的 26%，是一个比较高的数值。

而事实上，日本东京商工会议所给 13297 家公司发送了调查问卷。从收到回复的比例来看，问卷回收率仅有 10.0%，实在低得可怜。也许有不少企业是这么想的：与其老老实实地回答"无法实现远程办公"，还不如什么都不回答。假设事实果真如此，无法实现远程办公的企业实际上所占的比例要远低于 26%。

第二点是指标的合理性。仅仅询问了新宿站前的白领女性，并不等于完成了全体白领女性对时装品牌的喜爱度调查，所以必须改变提问的方式。比如，日本明治安田生命保险公司每年公布的理想上司排行榜，是以即将就业的 1100 名高校毕业生为调查对象，请他们从综艺节目主持人、运动选手、导演、演员、歌手、文化名人等各大行业的从业者中分别挑选一名理想的男上司和一名理想的女上司。调查结果显示，理想的男上司是内村光良❶，理想的女上司是水卜麻美❷，他们连续三年蝉联榜首。至于入选的理由，内村光良是因为他平易近人、善良可

---

❶ 日本影视演员、主持人、搞笑艺人。——译者注
❷ 日本电视台主播。——译者注

亲、靠得住，水卜麻美是因为她平易近人、活泼开朗、幽默风趣。仅看入选理由，人们不由得心生质疑，这不就是让人挑选一个自己喜欢的明星吗？由此可见，指标的合理性至关重要。

另外，打造一个乍看之下符合数据可靠、指标合理性要求的排行榜，只需收集对自己有利的数据，具有诱导性的排行榜就可以信手拈来。只要摆出具有诱导性的数据，大多数人就会朝着被诱导的方向去解读数据，于是就会找出莫须有的关联。京都站很有人气，远程办公的普及率很高，内村光良看起来是个好上司，诸如此类，人们会随意解读数据。人们往往不读取数据的深层信息，仅仅关注数据表象。这种现象被称为"错觉相关效应"（illusory correlation）。

错觉相关效应

含义	原本 A 和 B 之间没有任何关系（没有关联性），但人们却固执地认为他们之间有密切关系的认知偏差。宿命论者和喜欢占卜的人更容易受错觉相关效应的影响。
具体事例	黑猫从眼前横穿就一定会发生不幸的事；自动笔芯折断的日子一定会有不幸的事发生。之所以会产生这种迷信，是把黑猫从眼前横穿或者自动笔芯折断的偶然性，与某种不幸事件的发生进行强行关联。

人们往往会屈从于多数派

人们到底应该怎么做，才能不被排行榜所欺骗呢？

即便对日本象棋的规则了然于胸，也未必能打败藤井聪太 ❶。同理，不管掌握多少数据处理的方法论，也练就不出识破伪排行榜的火眼金睛。在笔者看来，要想识破伪排行榜，需要具备某种直觉。和处理数据的直觉不同，生活中多数人会有这样一种感觉，那些生性多疑的人、古灵精怪的人，反而不容易被排行榜欺骗。

生活中有这样两类人，一类不管旁人的意见如何，只要自己不信服就坚决不从；另一类是非分明爱讲道理，凡事都要掘地三尺找证据，这两种人在随大溜的日本社会中不怎么招人待见，但是在识别伪排行榜这一点上，他们绝对是不可多得的人才。换言之，不管对错与否，日本人都喜欢盲从多数，如果周围人都说"好"，那么自己也说"好"。日本人之所以喜欢排行榜，信息读取能力弱倒是次要原因，最根本的原因就在于日本人爱随大溜的性格特质。

可以说，只要了解了日本人的这种性格，灵活运用排行榜的"魔力"，就掌握了制造狂热的必备技巧。说得直白一点，

---

❶ 日本象棋运动员，2016 年 12 月正式进入职业棋坛成为职业棋手，至今一场未败。——译者注

就是大多数日本人往往不会对排行榜加以质疑，只是相信排行榜上的排名结果。

这种判断倾向不只见于排行榜上，日本美食大众点评网站"Tabelog""Gurunavi"对餐厅进行星级评价时，也存在类似的判断倾向。网站是依据什么标准给出的星级好评，大多数消费者对此并不知情，只是根据星级评分决定要不要去某家餐厅。当然，日本美食大众点评网"Tabelog""Gurunavi"是基于用户的点评来对餐厅进行星级评定的，所以，这些网站上的星级好评就是多数派支持的证据。故此，人们依据排行榜或星级好评做选择，就等同于服从多数派意见的决断。

大家都在做，大家都在用，大家都在玩，大家都在吃。"大家"就是最具有魔力的标语。只要宣传绝大多数人都在用，就可以降低消费者的心理门槛，减少消费者把购物冲动付诸实践的犹豫时间。比如，在手机应用软件的广告上，经常出现"下载量突破 ×× 万"的文案，以大家都在用为噱头大肆宣传，这样的广告经常是铺天盖地地席卷而来。

尤其消费群体是轻度玩家❶（Light User）的场合，排行榜更容易制造"狂热"氛围，但是，过度使用排行榜又会丧失消费者的信任。所以，为保险起见，恰如其分地使用排行榜才是上上策。

_____

❶ 以免费手游、网游、页游为主的玩家，接触的数量少。——译者注

人们只愿意相信自己想相信的东西

臭氧疗法是伪科学吗

所谓"臭氧疗法"，就是从人体静脉采集 100~200 毫升的血液，混入一定量的医用臭氧，再重新输回人体的一种治疗方法。臭氧疗法在网上被各大媒体争相报道，一时成了舆论关注的焦点。毫不夸张地说，臭氧疗法是 2019 年下半年日本的时髦术语之一。

一个臭氧分子由三个氧原子构成，作为氧气的同素异形体，一般用来杀毒和漂白。臭氧疗法大肆吹嘘，把臭氧混入人体血液后，可以改善人体的血液循环，激活人体的免疫力。确实，混入臭氧后，人体发暗的血液眨眼间就变得鲜红，很多人都觉得，肉眼看上去这似乎很有疗效。

原本，从人体静脉采集的血液有点发黑，这是一种正常现象。因为血液中有一种细胞，名为红细胞，它里面有一种叫作血红素的色素，血红素一旦遇到氧气，就会变成鲜红色。动脉血中的氧含量较高，所以呈鲜红色，而静脉血中的氧含量较低，所以看起来颜色发暗。

211

换句话说，即便不接受所谓的臭氧疗法，人类的肺也在发挥着同样的功效。于是，有人就产生了疑问，花冤枉钱去接受臭氧疗法，到底有没有必要呢？

有人赞同："能够证明臭氧疗法有效的论文已经在德国发表了。"也有人反对："那些论文本身是否可信，至今尚无定论。"并且美国食品药品监督管理局（FDA）严格禁止在医疗行业使用臭氧，因此反对呼声最高的主要是科学家。

确实，也有一些人在接受了臭氧疗法后，身体状态有所好转。于是，有些不懂科学知识的人可能就会觉得，身体好转就是臭氧疗法的功效。即便没有科学的证据，真实性尚未得到证实，但依然被当成科学而广泛宣传的理论俗称"伪科学"。相信伪科学的人经常在网络上遭到抨击，有的甚至成了人们的笑柄。

伪科学除臭氧疗法外，还有富氢水、EM菌❶、负氧离子疗法、顺势疗法（Homeopathy）等，不一而足。虽然这些商品的效果没有科学依据，有待验证，但事实上，它们的忠实用户也不在少数。

那么，人们为什么会被这种伪科学欺骗呢？何为真正的科学呢？关于这一点，不同的学者有不同的看法。一般而言，

---

❶ Effective Microorganisms 的缩写，由大约 80 种微生物组成，EM 菌由日本琉球大学的比嘉照夫教授于 1982 年研究成功，于 20 世纪 80 年代投入市场。——译者注

效果经得起科学实验的检验，同时实验具有可重复性、可操作性，这样的事物才能称得上具有科学性。

换句话说，疗效不能被其他人再现的，不能通过统计学的方法得到证实的，大体上都可以叫作"伪科学"。例如，"如果对水破口大骂，水的结晶体就是肮脏丑陋的。反之，如果对水说好听的话，水的结晶体就是漂亮的"，竟然有图书这般胡说八道，这种荒唐的认知肯定不能通过实验得到证实。除此之外，也有人会凭空捏造作为科学依据的数据，自不用说，基于假数据产生的结论当然也是伪科学。

科学到底是什么

原本，科学方法是一种相当严谨的说法，必须具备图 5-6 里的流程实操，才称得上是"科学的方法"。

如图 5-6 所示，首先要对研究对象进行观察，其次就现象原因提问，然后对可能的答案做出假设。假设是否正确，再通过实验予以验证，最后对实验结果进行分析，从而得出正确的结论。即便实验结果能够证明假设是正确的，但是，一旦改变研究对象或实验环境，实验结果无法再现的情况也时有发生。比如，最广为人知的是，在不同的文化圈开展同一个心理学的实验，其结果有可能相差甚远。可以说，科学是指采用严格的程序，对事实进行力证的方法。所以，以单次

的实验结果去证实所有可能出现的结果，这种以偏概全的行为
本身就不科学。

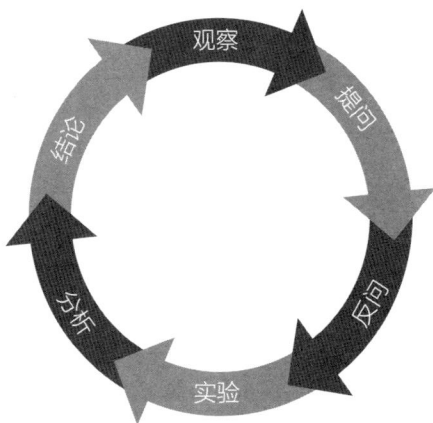

图 5-6　科学流程图

　　曾经就任美国的软件公司 Marketo 的日本法人代表福田康
隆在他的著作《模型》(*The Model*) 中大力倡导具备科学性的
营销流程。在这个语境下，"具备科学性"一词意味着客观合
理的、流程明确的，且具有高度再现可能性的事物。

　　追求真理必须经过以上介绍的极其严格的科学流程。之
所以这么要求，就是因为人们总是喜欢凭借主观独断和偏见来
看待事物。充满独断和偏见的认知方式，换言之，是指从一开
始，研究者就预期了某些结果，于是无意识地寻找某些特定
的数据，以期得到自己希望的结论，这种认知倾向又被称为
"观察者期望效应"(Observer-expectancy effect)。

观察者期望效应

含义

它指研究者无意识地只搜集与自己预期一致的数据，而那些与自己预期相反的数据则往往会被遗漏，以至于他们对数据的解读产生偏误的现象。人们一旦有了先入为主的印象，认定事情就是这样的，那么看待数据的视角就会产生偏颇。

具体事例

围绕抗击新冠疫情的对策，人们的意见基本分成了两大派，一派认为应当积极开展大规模的聚合酶链反应[1]（PCR）检测；另一派认为在进行聚合酶链反应检测的过程中也有可能增加感染风险以及增加强制隔离人数，为此应当尽量缩小聚合酶链反应检测的范围，这两大派在电视上、网络上展开了一轮又一轮的唇枪舌剑。双方不仅要从逻辑上反驳对方的观点，而且要选出符合己方观点的数据，所以两派之间看似为了真理吵得不可开交，实际上只是一场无谓的口水战罢了。

如果人们基于科学的探究方式进行研究，就会注重客观事实，从而多采用更加委婉的表达方式，如"不能说某产品完

---

[1] 核酸检测的一种主要方式。——译者注

全没有效果"。反之，相信伪科学的人不重视客观结论，因而
会采用更加绝对的表达方式，如"某产品绝对有实效"。

事实上，比起委婉的表达方式，笃定的表达方式更加受
消费者的青睐，STAP 细胞事件 ❶ 就是个典型的事例。也可以
这样说，比起科学研究，伪科学反而更能使人们狂热。

批判让信仰更坚定

伪科学为什么会备受质疑？又为什么会受到如此多的声
讨呢？ 因为科学合理的言论不证自明，反而不会受到人们过
度关注，而"伪科学是一种欺诈"的认识，在普通民众中达成
了一定的共识，所以伪科学遭到声讨的事例才比比皆是。

伪科学是一种具有欺骗性的言论。然而，不幸的是，有
很多人对伪科学深信不疑，他们宛如被邪教蛊惑的信徒一般，
是一群被洗脑的受害者。然而，从某种程度来说，正是正确科
学知识的启蒙，才孕育了那些人根深蒂固的独断和偏见。

那些信奉伪科学的人百思不得其解，自己光明正大，又
没有为非作歹，为什么自己信奉的东西要遭到他人的无端指责
呢？ 于是，他们就产生了逆反心理，内心的信仰反而变得更加

---

❶ 2014 年 1 月，日本理化学研究所再生科学综合研究中心小保方晴子带领的课
题组，宣布成功制作出一种全新万能细胞——STAP 细胞，成为舆论的焦点，
后来被证明其论文中有篡改、捏造的不正当行为。——译者注

虔诚。面对别人中肯理性的批评，有的人能够做到从谏如流，改变立场，而有的人反而更加一意孤行，刚愎自用。像后者这样，因为别人的批评，反而更加坚定自己的信念，这种现象被称为"逆火效应"（the Backfire Effect）。

逆火效应

含义	当个体遇上与自身信念抵触的观点或证据时，原来的信念不仅不会改变，反而会更加强化。"逆火"原本是指发动机内没有完全燃烧的气体在发动机外部爆炸的现象，后来引申为"适得其反"的意思，成了英语里的一个惯用语。
具体事例	"逆火效应"最常见于对国家大事处理意见相左的对立派系之间，比如，在日本有冲绳问题、核电站问题、抗击新冠疫情的对策问题，还有许许多多与国际社会相关的其他问题。 一看到与自己立场不同的意见，人们往往从心底就认定是谎言，这种现象在日本早已经司空见惯了。可以说，"逆火效应"是滋生各种假新闻的肥沃土壤。

如果对伪科学的支持者说："你相信的东西是不科学的。"不仅不会动摇他们的信念，反而有可能会强化他们对伪科学的

笃信。

"当我们用食指指向别人的时候，自己食指以外的中指、无名指和小指，也同时指向我们自己。所以，当我们对别人的错误进行指责的时候，应当加倍留心自己的言行。"笔者是听着这句话长大的。所以，对别人的错误进行指责，本就是一件应该谨慎的事。

善于利用分歧的人与容易被分歧利用的人

往往会有一些不良商家，把本就没有任何科学依据的伪科学用于商品宣传，对于这一不道德的商业行径，笔者是深恶痛绝的，所以看到身边的熟人被伪科学忽悠时，总想使出浑身解数，用正确的科学知识去说服他们。但是，笔者时刻谨记：自己的善意规劝有可能产生"逆火效应"，进一步激发起他们的购买欲望。

以"让人耳目一新的伪科学"为噱头对商品进行大肆宣传，这种鼓动消费者购买的炒作方式，似乎已经有点不合时宜了。如今，在这个网络得到极大普及的时代，利用人们想要纠正错误观点的心理倾向来制造话题，似乎已经成为新的热门宣传手段。

人们用科学做思想武装来反驳伪科学是徒劳的，同理，言辞强烈地批判假新闻是"假的"，不仅不会说服任何人，反而会加强目前的对立状态。如果我们想克服"逆火效应",就不能加大分歧,而是必须加强持不同意见的人之间的沟通。比如,有人相信阳光照耀地球是"神灵的馈赠",而事实上只不过是太阳产生了核聚变反应,从科学的角度来讲,阳光普照大地被视为"神灵的馈赠"的看法实在是荒诞不经。对于那些把阳光看成神灵馈赠的人来说,阳光可能与某些事物息息相关,比如看到阳光,就让他们联想到自己和祖先、家人以及朋友之间的纽带,或许阳光让他们想起了一段弥足珍贵的回忆。对当事人来说,阳光的确有着非同寻常的意义,但是外人却很难窥探他们的内心,了解他们的真实想法。这么一来,对那些人的信念当成科学的谬论加以指责,或许也是一叶障目不见泰山的错误判断。

因此,为了防止这种情况发生,应当先同有貌似错误看法的人展开对话,了解他们的真实想法,在彼此信赖的基础上,拿出科学的证据,才有可能让他们心服口服。

一般情况下,我们对一个言论进行评判时,除了考虑科学与否的衡量尺度外,还应当考虑到这个言论对当事人来说是否有价值,或有意义。

"具有科学性"和"具有价值或意义"并不是非此即彼的相反概念,而是可以兼容并包的。所以,了解到某事对某人的特殊意义后,我们的一句"原来你也有自己的考量",就可以让紧张的事态得到缓和,从而化干戈为玉帛。

不仅如此，面对所有的伪科学，不应该不问青红皂白，只一味地批判，否则也变成了原教旨主义 ❶（fundamentalism）。对任何伪科学都嗤之以鼻的人，本身想法就有些偏颇，所以他们的言论反过来又会被当成"极端言论"，遭到人们的指责。

人不单单是活在科学世界里的生物，也是能够从感性事物中体验美好的生物，比如，为一朵美丽的花、一幅漂亮的画而心神荡漾，抑或是心灵因一曲美妙的曲子而得到治愈。特意在工作间隙买瓶罐装咖啡并一饮而尽，不仅是因为口渴了，更重要的是这样做可以让自己变得神清气爽。自己喝咖啡的同时，顺便递给同事一罐，也是一种有效的沟通方式，就像在说"你辛苦了"一样。罐装咖啡的营销人员，正是洞察到了咖啡除具有基本的功能价值外，还具有功能价值外的情绪价值，才以此作为卖点，在电视广告中大肆宣传。

非对即错，非好即坏，如果人们以这种简单粗暴的二元对立论去看待事物的话，很容易被各种偏见所迷惑，不仅不能洞察人性，反而会南辕北辙，事与愿违。

---

❶ 即教条主义，不管遇到什么事，都要拿原理去套，偏离实事。——译者注

第6章

人生本就充满了矛盾

寓言故事 6：《戴斗笠的地藏菩萨》

很久很久以前，在某个雪国，住着一对穷得叮当响的老夫妇。年终将至，他们甚至没钱买过年要用的糯米。于是，老爷爷决定进城去卖斗笠，他尽可能多地背起斗笠，冒着大雪出门了。然而，不幸的是，老爷爷并没有卖出多少斗笠，卖斗笠的钱根本不够买糯米。因为担心暴风雪即将来临，不得已，老爷爷只能放弃售卖，准备打道回府。

在回家的路上，雪越下越大，当暴风雪疯狂袭来，老爷爷看到了路边有七个地藏菩萨像。地藏菩萨像上覆盖着一层厚厚的白雪，老爷爷想，下这么大雪，地藏菩萨一定也很冷吧，于是就把卖剩的斗笠戴在了地藏菩萨的头上。

老爷爷一边清理地藏菩萨像头顶的积雪，一边给菩萨像戴斗笠，一顶，又一顶……然而，最后一位地藏菩萨还少了一顶斗笠，于是，老爷爷就把自己的斗笠给了地藏菩萨，自己却光着头，冒着暴风雪回家了。

老奶奶看到老爷爷浑身是雪地回来了，十分惊讶，老爷爷解释了事情的原委后，老奶奶不但没有责备老爷爷没能买回糯米，还称赞他："老头子，你这是做了件好事啊！"

到了当天晚上。老夫妇正在睡觉，只听砰砰、砰砰的声音传来，屋外好像有重物落下。老爷爷和老奶奶悄悄地往外看了看，发现屋前堆满了米袋、年糕、蔬菜、鱼和其他各种食品，还有数不清的金币，简直已经堆积成山了。

老夫妇正在困惑是谁带来了这么多礼物时，突然发现远处有七个戴着斗笠的地藏菩萨在向他们招手示意，渐渐消失在暴风雪中。

因为地藏菩萨的馈赠，这对老夫妇度过了一个愉快的新年。

这就是广为流传的寓言故事《戴斗笠的地藏菩萨》，然而，笔者越是冷静地读这个故事，就越是怀疑天下是否会有这等好事。想方设法隐瞒自己所做的坏事，为获利而苦苦钻营，为得到好处而对领导阿谀奉承……一辈子从未做过这类事的人，恐怕是不存在的吧。因此，即使是在送礼时，人们也会首先考虑一下这对自己有什么好处吧。

在这个寓言故事中，丝毫未提老爷爷是希望得到地藏菩萨的馈赠，才主动将斗笠送给菩萨的，这样的描述反而更让人觉得虚假。总而言之，这个故事总给人过度强调人性之善的虚假感。

也许有读者认为，主动施舍是为了得到馈赠的想法，完全是以小人之心度君子之腹。但是这个全是好事和荒唐的故事，极易引起人们这种猜测，在现实生活中，貌似谁也没有见过这样的好事吧，与此相反的事，倒是时有发生。换句话说，这本是个为生活所困、充满烦恼的故事，却通过作者的加工，让它变成了一个乍看之下，充满善意和好人好报的故事了。

欲望是人类不能摆脱的最真实的一面。而现实中的人类，又常常想尽可能地将自己的欲望粉饰进美丽的故事中，于是有欲和无欲的矛盾就产生了。当然，这也是最根本的人性。一方面，人们都想过尽情享乐的生活；另一方面，又明白拼尽全力，努力奋斗的精神是值得称赞的。明白应该努力，但却不想努力。人类本就是这样矛盾的生物。

寻找客观与主观切入点

人们为什么相信占卜术

　　无论在东方还是西方，都存在各种各样的占卜方式，如易经、风水、占星和塔罗牌等。如果回溯人类历史，就会发现，在古文明中，占卜术被广泛运用的事例更是比比皆是，可以说人类的文明史几乎等同于占卜术的发展历史，这样的说法，一点也不为过。

　　据《三国志》记载，在古日本，有一个名为卑弥呼❶的女王，她是邪马台国❷的最高统治者，据说她同时也是一名萨满巫师（实施巫术的女巫）。相传，她会一种占卜术，通过燃烧骨头，观察骨头的裂缝来占卜吉凶。

---

❶ 卑弥呼（约公元 159 年至公元 247 年，有的史书也写成"俾弥呼"）是日本弥生时代邪马台国的女王，出现于史书《三国志》中。关于她的真实身份一直众说纷纭，是个极具神秘色彩的日本古代女性统治者。——译者注
❷ 是《三国志》中记载的倭女王国名。——译者注

到了平安时代❶，阴阳师❷开始登上历史舞台，他们以天文学为基础进行占星术，以方位学为基础进行风水术，活跃在历法制定、城市规划、气象预报等领域，成为皇室和贵族的生活咨询顾问。东京古称"江户"，即现在的东京都，是一座有名的风水古城，宽永寺和神田神社位于皇宫的鬼门❸方向（东北方），增上寺和日枝神社则位于内鬼门方向（西南方）。

古代的占卜术和如今以娱乐为主的"今日运势"栏目截然不同，占卜术主要用来预测国家的前途或当权者的命运，是具有政治决策功能的。当然，随着科学思想的广泛传播，占卜术在社会生活中的地位也逐渐开始下降。

如此说来，占卜术已经百无一用了吗？其实不然，无论科学发展到何种地步，人类的本性不会改变，人们还是会相信由完全的巧合或单纯的概率所造就的命运。

里根曾在 1981 年至 1989 年任职美国总统，1981 年 3 月 30 日，他在首都哥伦比亚特区的希尔顿酒店遭遇了暗杀事件，自此之后，他就开始重用女占星师琼·奎格利（Joan Quigley）。里根的夫人南希·里根同样格外信任奎格利。随

---

❶ 公元 794 年至公元 1192 年。日本古代的一个历史时期，从桓武天皇迁都平安京（京都）开始，到源赖朝建立镰仓幕府一揽大权为止。——译者注

❷ 平安时代开始，结合日本原有的宗教所发展出来的阴阳道，成为日本文化中的独特元素。——译者注

❸ 在风水学中，东北方被称为"鬼门"，而在它对角线的西南方则被称为"内鬼门"。——译者注

后，"国师"琼·奎格利逐渐开始影响白宫事务。她会根据占卜，在日历上用不同的颜色标注出吉日、平日和凶日，里根则会根据她的预测，安排相应的政治日程。

里根的白宫幕僚长唐纳德·里根（Donald Regan）看不惯国家决策权掌握在占星师手中，他曾多次劝诫里根总统不要过度迷信占卜。然而，里根总统仍然痴迷不悟，两人的关系逐渐恶化，唐纳德最终愤而辞职。

虽然如今早已不是远古的卑弥呼时代了，但是占卜这门玄学却依然可以影响政治局势。在科学思想得到极大普及的今天，仍然有人认为"占卜也是一门统计学问"。一些占星师声称，占卜是在收集过去的数据、积累经验的基础上，寻找事务间的客观联系，并在这些联系的基础上，做出的科学预判。例如，有一种被称为观相术的占卜形式，仅通过观察一个人的面相或手相，就可以了解到他的性格或命运，同样被认为是一种统计学上的判断。

水野南北是江户时代著名的观相师。他在理发店当了3年的学徒，又在公共澡堂当了3年搓澡工，接着又在火葬场当了3年的焚尸工，在此期间他对人的面相和手相进行了细致的观察，深入的研究，最终确立了独具特色的"观相学"。

虽然这类占卜术都自称是科学的统计学，但归根结底，只不过是一种经验之谈，即"具有这类相貌的人大多会过着这样的生活"。虽然并不完全是无稽之谈，但如果非要称其为科学，那确实有许多可以被质疑的地方。首先，对面相或手相的认识，并不是基于对所有人的详尽研究，这些结论也不具备可重复性。

🖱 "香菇塔罗大众占卜"为什么受欢迎

大约在 15 年前，细木数子曾是一档名为《直言不讳》的电视节目的首席主持人。在节目中，细木数子的诸多毒舌言论令人印象深刻，如"你就是个白痴""你会下地狱的"等。也许某些观众确实需要这种"毒舌激励法"，但时至今日，如果还有人在电视节目上公开发表毒舌言论，我想这只会引起观众的反感，毕竟时代已经不同了。

如今，要说最热门的占卜栏目，当数《时尚女孩》（VOGUE GIRL）杂志的 12 星座运势周刊。首先，我们介绍一下"香菇女孩"的"香菇塔罗大众占卜"专栏，她的占卜不仅吸引了诸多女性读者，在男性读者中也享有广泛的知名度。

每周一更新的"香菇塔罗大众占卜"专栏几乎每次都会成为社交媒体上的热词，吸引了很多人的关注，笔者也会次次不落地查看相关内容。香菇女孩占卜最大的特点就是她独特的表达方式，她擅长运用独特的语言来安抚人们的焦虑或不安感，肯定读者的表现。如她会这样表达自己的占卜："与昨天不同，今天的我又进步了一点，有些人能够察觉到自己的进步并从中感受到乐趣。像这样，能够感受到生活中点滴喜悦的人，真是了不起。""我不想夸大其词，但在 2020 年，巨蟹座肯定会创造奇迹。"

"香菇女孩"之所以如此受欢迎，我想正是因为她从不使用严厉或消极的语言，而是用最温和的方式，向读者娓娓道来。正因如此，用最温和的语言，对读者进行鼓励和肯定的"香菇塔罗大众占卜术"大受欢迎。而对那些自我认同感较低的人来说，这也是他们获得尊重需求的一个有效途径。

换句话说，人们在阅读"香菇塔罗大众占卜"专栏的过程中，沐浴着自我肯定的阳光，甚至可能产生了类似咨询疗法的治愈功能，这就是为什么小小占卜术居然吸引了这么多读者。

"香菇塔罗大众占卜"预测的准确与否暂且不论，大部分人应该是想获得"这周也努力实现自己梦想"的鼓励，才一周不落地阅读该专栏更新的内容。

在变化日新月异的今天，无论是在商业领域中，还是在个人生活中，竞争激烈已然是我们生活的常态。新冠疫情的肆虐使远程办公成为常态，突然失去工作，不知道未来该怎么办的人也大有人在。

在这种环境下，相信大家都或多或少地有过不安、无力感，认识到生命的脆弱。也有很多人对占卜术不屑一顾："占卜都是假的，根本不准。"或"因占卜而亦喜亦忧，真是疯了。"从科学的角度而言，占卜确实不符合科学的评判标准，所以部分人认为它是一门伪科学，完全不认可占卜术。然而，这种带有教条主义的批评方式，不仅不会改变对方的想法，反而会使他们的信念越发坚定，这一认知倾向在前文做了详细的解释说明。

在笔者看来，即使占卜不够科学，但如果它有缓解人们的心理压力，让人放松的效果，抑或是有增加人们自尊心的效果，那就没有必要如此严厉地批评它。那些强烈批评占卜的人可能认为自己没有被占卜所迷惑。然而，"我没有任何偏见"的说辞，实际上也是一种偏见。这一认知偏见又被称为"朴素实在论"（naive realism）。

朴素实在论

含义	持有朴素实在论的人认为自己是一个不会持有偏见，能够客观理性地看待事物的人。因为自己能够客观地认识现实世界，就认为别人也应该能以同样的方式感知现实，当别人的认知与自己的认知不同时，他们就会主观地臆断别人的想法是不正确的、扭曲事实的。
具体事例	生活中有些人往往喜欢主观臆断自己的判断才是正确的，如"我支持的候选人输掉了选举，一定是因为选举被操纵了""因为我并没有感染新冠病毒，所以公众的反应有些过激了""我们公司还没引入远程办公系统，背后肯定

有什么猫腻"。他们喜欢无条件地相信阴谋论，或没有任何根据的假说。

换言之，"我没有任何偏见"这一想法本身就足以证明你已经被偏见所困了。

占卜利用了人们的认知偏差

虽然这么说可能会受到大家的批判，但笔者还是想说，人必然会因为受到认知偏差的影响，在无意识间做出一些决定或行动。

如果无视人性的本质，错误地认为我做出的决定就是最理性的决定，很容易让自己陷入认知的谬误陷阱，因为这种思维方式本身就带有偏见的色彩。

思想受困于偏见，就意味着行为也会受困于偏见。心理学术语"自证预言"（self-fulfilling prophecy）就表明了思想对行为有重大影响。

自证预言

含义 当预言的结果发生时，人们倾向于将其视为"预言的实现"。首先，人有可能不自觉地按自己的预言来行事，最

终令预言真实发生。即人类会为了实现自己的预言，而
采取相应的行动。

具体事例

例如，当你早上醒来时，如果觉得今天是个好日子，接
下来你往往会只关注好的事情；如果你觉得今天是个坏
日子，你往往会只关注坏的事情。此外，如果你感觉自
己的下属工作不够积极时，你就只会看到与这一直觉相
符的事，然后感叹："我的看法果然是正确的。"

事实上也有另一种可能，相信算命的人因预言改变了自
己的行为，反而促使了预言结果的实现。比如因"香菇塔罗大
众占卜"的预言，人们的自我认同感提高，对正面情绪的关注
度也提高，于是给予了自身更多的肯定。

如果我们对占卜持否定的态度，我们往往只会强调"占卜是
不科学的，是虚假的"，但如果我们能仔细了解一下人类的心理特
征，就会发现占卜的价值，并不在于它能不能成功预言某事。

除了"香菇塔罗大众占卜"，还有许多其他流行的占卜形
式，如特斯饭田预言、岛田秀平占卜等。这些预言的价值不仅
要看它是否准确，还要看它是否能够激发人们心中的像自我认
同感这样的潜在意识，这也是占卜在精神层面的价值之一。

这样一来，很容易让人误会占卜师在操纵人类，其实，
占卜不存在精神控制，也不会强迫我们去思考，更不会抹杀我

们原有的世界观。相反，对占卜更精准的看法是：优秀的占卜师会让占卜爱好者对自己的思考方式和行为习惯有更深刻的了解，从而帮助他们选择不回避内心真实想法的表达方式。越是优秀的占卜师，越是会避免笃定的表达方式或个别细致的预测，他们会在满足对方期待，激发对方内在潜力上下功夫。说得更直白一点，占卜都是些笼统的、一般性的概括和描述。人们往往很容易对号入座，并认为描述中所说的就是自己。

笔者曾有这样一段离奇的经历。笔者是巨蟹座，在看某个星座运势占卜时，笔者误认为描述的是巨蟹座的性格，不由地感叹"真是这样""这说的不正是我吗"，然而最终笔者发现，自己看的是对天蝎座的描述。

这种放诸四海皆准的现象，被称为"巴纳姆效应"（Barnum effect）。

巴纳姆效应

含义	它指一些放诸四海皆准的笼统描述，却被人们误认为是为自己量身定做的。
具体事例	请看以下描述： "你祈求受到他人喜爱，却对自己吹毛求疵。" "虽然人格有些缺陷，但是大体而言你都有办法弥补这些

缺陷。"

"你拥有可观的、未开发出的潜能，你的长处尚未得到完全发挥。"

"你看似强硬、严格自律的外在，掩盖着你不安与忧虑的内心。"

乍看之下，也许很多人会认为该描述与自己的特质相契合，但从描述的内容来看，多是些笼统概括的内容。这是心理学家伯特伦·福勒（Bertram Forer）于 1948 年对学生进行的一项人格测验。试验结束后，学生对测验结果与本身特质的契合度进行评分，0 分最低（与自己完全不符），5 分最高（与自己十分相符），结果平均评分为 4.26，几乎所有学生都认为这些描述与自己的性格特质相符。

即使看起来错得离谱，也是我的真理

当然，也有利用占卜进行诈骗的欺诈师、通灵师或不法商人等。无论你觉得多能显示自己不菲的身价，欺诈师们提供的昂贵穴位、项链或墓碑等，都远远超过了市价。而欺骗消费者抬高物价的行为本身就是一种犯罪。

另外，我们应该更清楚地知道，人们对占卜的热情持续不减，正是因为它成功地回应了人们对现状的不满。那么，为什么我们会因对现状的不满而烦恼呢？这不是一个容易回答的问题，但在我看来，这是一个有关主观和客观的问题。

当代人所感到的不满，主要是在将自己的境遇与他人做对比时产生的，与优秀的人相比时，总觉得自己低人一等或先天不足。而事实上，幸福不是建立在与他人对比基础上的相对产物，而是绝对产物。决定一个人幸福与否的，只与他自己的思考方式有关，这完全属于主观范畴。这一观点，可以追溯到第 1 章所介绍的沉锚效应的故事中。

在寓言故事《戴斗笠的地藏菩萨》中，穷得连年都过不起的老夫妇，在别人看来可能是过着不幸福的生活，但如果他们自己觉得幸福，那就绝对是过着幸福的生活。然而，现代人与《戴斗笠的地藏菩萨》故事中的老夫妇不同，他们不断与别人进行比较，由此滋生出来的不满情绪时刻伴随着他们。

为了获得幸福，摆脱日常生活中对现状的不满，不少人认为有必要在金钱或地位上优于他人。当然，要想在激烈的社会竞争中赢得他人也绝非易事。

事实上，人类是一种有极强适应性的生物，即使在客观上生活得比别人差，但也能在主观上觉得幸福，这样的矛盾人类可以接受，从而获得心理上的慰藉感。从这个角度来看，占卜给人提供的是一种重视主观的幸福，远胜过客观事实的服务。除此之外，还有另一种旨在消除客观不满的服务形式，如减肥食品、投资教材或外语学习等，都是为了在与他人的竞争中获胜而提供的产品和服务形式。两者都是解决消费者不满的正确方法，但消除客观不满的产品和服务注定要在产品和服务价值上进行客观的比较，例如保健品市场就是如此，同类产品泛滥成灾时，就不得不面临打价格战的命运。与此相反，"香菇塔罗大众占卜"却在同行业中占据着绝对的领先优势，可以说是一项无可比拟的服务。

由此可见，重要的不是我们更关注客观性还是主观性，而是需要洞察到人类本就是矛盾的生物，今日诞生的炙手可热的服务，正是在这种洞察力的基础上诞生的。

喜欢通过列举数字找借口

为什么《事实》会成为畅销书

从日本出版贩卖株式会社统计的图书销售数量来看,2019 年日本最畅销的经济类图书是《事实》(*Factfulness*)。想必许多读者也读过《事实》这本书,即使没读过,你也很可能听说过这本书的名字。

首先,书名中的"事实"究竟是什么意思呢?在书中,作者将其定义为"依据数据或事实认识世界的习惯"以及"正确看待世界的能力"。

乍一看书名,想必有读者忍不住怀疑:书中的内容会不会过于深奥难懂。事实上,这是一本非常好的科普类图书,它依据教育、贫困、环境、能源、人口等领域内广泛采集到的最新统计数据,以通俗易懂的方式向读者介绍了认识世界的正确方式。读完这本书,你会发现自己观念中的许多常识早已过时。笔者对此深有体会。

截至 2019 年 12 月,该书在日本的发行量已突破 50 万册。在受新冠疫情影响,出版业如此不景气的今天,无论你走进日

本的哪家书店，都可以看到《事实》摆满了各个角落，可以说
是畅销书中的佼佼者。

该书除被译成日文外，还被译成中文、英文、德文、法
文、意大利文、葡萄牙文、阿拉伯文、韩文等十几种文字，在
30 多个国家出版发行。截止到 2019 年 10 月，该书在全世界
的销售量已达 200 万册。其中，在日本的销售量占全世界的四
分之一左右，这一数据令人震惊。

在《事实》的第一章，作者以"关于我们所处世界的 13
个基础事实"开头。

> 问题 2：世界上绝大多数人生活在？
> A. 低收入国家　B. 中等收入国家　C. 高收入国家

因为不少人的脑海中认为"发展中国家的人口数量更
多"，所以大部分人选择了选项 A，但事实上，选项 B 才是正
确答案。

换言之，这一选择结果验证了这样一个事实：曾经经历
过人口爆炸性增长的低收入国家，在此之后致力于经济发展，
逐步解决了国内的贫困问题，迈入了中等收入国家的行列，而
大部分读者并不了解实情，仍然停留在"发展中国家 = 人口
众多且贫穷"的刻板印象中。

像这样，在"关于我们所处世界的 13 个基础事实"的设

问中，大部分都能验证出人们对世界的认知偏见，如"读者并不知道世界局势正在逐步好转"或"我们对当前形势的认识过于悲观了"。

这 13 个有关世界的基础事实设问，也是该书作者汉斯·罗斯林（Hans Rosling）向全世界精英阶层提出的认知测试。

关于这 13 个问题的在线调查问卷于 2017 年启动，调查对象涉及 14 个国家的 12000 人，除有关全球变暖问题的正确回答率较高外，在剩余的 12 个问题中，每个人的正确回答率平均只有 2 个。即使回答对象是各行业的专家，受过高等教育的人或具有较高社会地位的人，他们的回答正确率依然很低。

所有的问题都是三选一，即使是随机选择，选中正确答案的比例也在三分之一左右。但从结果来看，回答正确的比率明显低于 30%，这就说明，存在误导人们做出错误选择的认知偏见。

误导偏见之一，即本书第 2 章中向大家介绍过的"证实性偏差"效应。

在《事实》中，作者用一个又一个具体的数据，证实了人们不自觉地陷入"证实性偏差"的倾向。随着阅读的深入，读者会感觉眼前一亮，逐步意识到我们是多么容易相信那些几乎毫无事实依据的信息，固有的偏见如同被敲碎一般，哗啦啦地散落一地。

当然，作为一本在日本售出了 50 万册，在全世界售出了

200 万册的国际畅销书，其大获成功应该还有其他的原因。

随着某个产品的热度持续升温，原本对该产品不感兴趣的人，也开始加入购买队伍的行列，该现象背后的心理作用被称作"纯粹接触效应"（Mere exposure effect）。

纯粹接触效应

含义	指即使一开始毫无兴趣的事或并不擅长的事，仅仅因为该事物经常出现，就能增加人们对其喜欢程度的现象。这一心理现象不仅会影响人们对音乐、衣服或广告的喜爱程度，甚至会影响人际关系。
具体事例	赢得选举的方法有：每天早上去选区街道进行演讲活动，尽最大可能让人们记住候选人的面孔和名字，并在选举期间的任何场合中都大声喊出候选人的名字（无论影响是好还是坏）。 在社交网络盛行的时代，人们可以从推特、脸书或报纸广告等诸多媒体上接触到大量的广告信息，这些广告会在人们的头脑中留下记忆，并逐步产生良好的印象。推特的转发功能就被认为是增大"纯粹接触效应"的重要工具。

近年来，通过开展在线沙龙，请专门的公关团队帮助组建核心粉丝团，在网上发布书评等方式推销图书，已经成为当下的热门营销方式。《事实》是否采用了这种方法进行推广，我们不得而知，但笔者清楚地记得，在该书出版后，就有一个名为"《事实》读者"的团体成立，他们在网上发布书评、读书笔记等，积极地扩散书中的观点，积极地提高该书的知名度。

积极采取推广行动的为什么不是卖书方，而是买书方呢？这一现象我在第 1 章就做了相关介绍，我们可以从"内群体偏见"这一认知偏差去理解。拥有这本书就意味着自己进了某一个团体，开始拥有某种身份，于是，许多团体成员就开始竞相推广该书。

法国经济学家托马斯·皮凯蒂（Thomas Piketty）的著作《21世纪资本论》（*Capital in the Twenty-First Century*）的价格较高，但在日本发行一个月后这本书的销售量就突破了 13 万册，与《事实》的销售情况如出一辙。《21 世纪资本论》对数百年来，与工资水准、投资增长有关的数据进行了详尽的分析，进一步揭露了资本主义社会贫富差距将逐步扩大的趋势。该书表明，无论在什么年代，以股票交易、地产买卖等形式获得的资本回报率都要远远高于劳动者的劳动报酬增长率，虽然有资本和没有资本的人都会因此变得更加富有，但是贫富差距会逐步拉大，可以说，这是一本揭露资本主义社会基本矛盾的杰作。

该书本就是一本经济学理论著作。日文版篇幅长达 700 多页，专业术语又相对晦涩难懂，没想到这样一本经济原理类的图书竟然大受欢迎，本身就超乎了人们的想象。

《事实》与《21 世纪资本论》一样，都在世人间掀起了一股必读书目、必买书目的热潮。我认为它们能够取得巨大成功的主要原因，就是深受"内群体偏见"的影响。拥有这样一本书，已经成为企业经理或董事等精英高管的身份象征。同理，热门商品也是这样被创造出来的：首先，由核心粉丝群体集中购买，营造出畅销的销售氛围，从而吸引旁观者也加入进购买队伍，像这样，"因为大家都在买，所以我也买"的消费行为趋势被称为"一致性偏差"（conformity bias）。

一致性偏差

含义	在做下一步选择时，人们往往倾向于先观察别人的行动，然后选择和大家一致的行动。如果没有做某事的强烈意志，或不确定自己的选择时，人们首先会选择从众。与大家保持一致，这样做更容易获得安全感。
具体事例	在学校或职场目睹了霸凌的人，即使没有成为霸凌者，也会受"一致性偏差"的影响，选择对霸凌行为视而不见。随着事态的升级，旁观者也有可能加入霸凌者的行列，只为了与大家的行动保持一致。

2003 年 2 月 18 日，韩国发生了一场骇人听闻的地铁火灾事故，192 名受害者在事故中丧生。在随后的事件调查报告中，公布了一张人们平静地坐在充满烟雾的地铁中的照片。在地铁里已经冒烟的情况下，最理智的做法应该是破窗而逃，但也许是因为看到周围人都没有采取任何行动，乘客们就自我安慰道："大家看起来都不着急，所以没必要破窗而逃。"

当然，能让一本书大受欢迎的因素有很多，如有趣的内容或绝佳的上市时机等，但人类的心理作用同样是其中不可或缺的因素之一。

《事实》里的描述与事实情况真的相符吗

我们再看看上一节的那个问题，"问题 2：你认为世界上绝大多数人生活在什么地方？"作者给出的答案是"世界上大部分人口生活在中等收入国家"，但这真的是事实吗？在这里，确实有必要利用科学手段（不被某些数据误导的方法）进行一下相关问题的论证。

世界银行的统计数据中，应该有关于这个问题的答案。见表 6-1，同期统计中的低收入国家、中等偏下收入国家、中等偏上收入国家、高收入国家是根据人均国民总收入（GNI）来划分的。

表 6-1　低收入国家、中等偏下收入国家、中等偏上收入国家、高
　　　　收入国家的划分标准

国家类型	划分标准（人均国民总收入）
高收入国家	12376 美元以上
中等偏上收入国家	3996~12375 美元
中等偏下收入国家	1026~3996 美元
低收入国家	1025 美元以下

　　让我们看看非洲的加纳。按照这一划分标准，加纳属于
"中等偏上收入国家"也验证了先前的答案，即"世界上大部
分人口生活在中等收入国家"。

　　加纳的主要产业是农业和渔业，除此之外，它还是世界
上最大的可可生产国之一。该国自 2010 年以来，一直致力于
石油和天然气的勘探生产，经济增长迅猛。在西非，无论在政
治方面，还是在经济方面，加纳都享有盛名。

　　2010 年 11 月，加纳发生了一个小事件。加纳政府统计局
将 1968 年公布的国内生产总值的计算公式改为了 1993 年公布
的新公式，结果令人大吃一惊，如图 6-1 所示，加纳的国内
生产总值一下子增长了 60%。在大多数年份，无论是农业（第
一产业）、工业（第二产业），还是服务业（第三产业）的生
产总值，右侧的新计算值都高于左边的旧计算值。其中，服务
业（第三产业）的增长值特别显著。

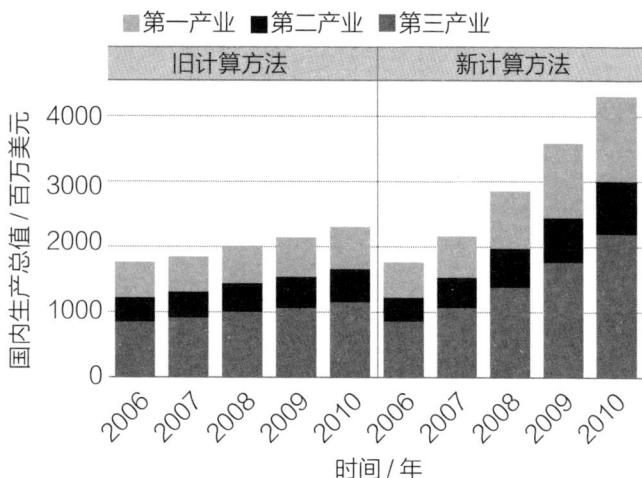

图 6-1　计算方法更改后的加纳国内生产总值

　　把 1968 年旧版的国内生产总值计算方法替换成 1993 年新版的，不止加纳一个国家，包括日本在内的大多数国家都已经完成了这一替换。在多数情况下，虽然转换后的国内生产总值多少有些变动，但是像加纳一样，替换后的国内生产总值竟能增加 60% 的案例还是不多见的。

　　国内生产总值并不是对所有经济活动的精准推算，只是在收集各种统计数据的基础上，利用计算公式估算出来的结果，所以存在误差是在所难免的。

　　在日本，国内生产总值是根据内阁府的统计数据估算出来的（表 6-2）。

表 6-2　日本用于计算国内生产总值的基础数据（生产分配面）

项目	用于计算国内生产总值的基础数据
产出	工业统计、商业统计（经济产业省） 服务行业动向调查、科学技术研究统计、住宅和土地统计（总务省） 建设综合统计、汽车生产统计（国土交通省） 作物统计、木材统计（农林水产省） 各种有价证券报告书
中间投入	产业关联表（总务省） 工业统计、特定服务行业业绩统计（经济产业省） 各种有价证券报告书
雇用者报酬	国势统计、劳动力统计、就业基本结构统计（总务省） 每月劳动统计、收入基本结构统计（厚生劳动省）
间接税务	国家的决算书（财务省） 地方财政统计（总务省）
固定资本损耗	产业关联表（总务省） 工业统计、商业统计（经济产业省） 科学技术研究统计（总务省） 综合建设统计（国土交通省） 各种有价证券报告书、民间企业投资和废弃调查（内阁府）
盈利、混合所得	个人企业经济统计（总务省） 法人企业统计（财务省）

资料来源：日本内阁府。

虽说一定的误差不可避免，把 1968 年的计算方法旧版替换成 1993 年的新版之后，即使统计范围有所扩大，原有的公式有细微的变更，但统计结果增加 60% 的可能性也是微乎其微。这样看来，只能说明一点，加纳原有统计数据的准确度相对较低。

2015 年 8 月，日本出版了一本名为《统计学上的谎言：非洲开发统计数据中隐藏的事实》的书。但这本书不如《事实》那么出名，我想听说过这本书的读者不会很多吧。

其实早在 2013 年，出身于挪威的经济学家莫顿·杰尔文（Morten Jerven）就撰写了一本名为《糟糕的数据：非洲发展数据的误导性及对策研究》（*Poor Numbers: How we are misled by African developments statistics and what to do about it*）的书，该书在美国一经出版，就在各国统计学界引起了不小的轰动。

该书的写作契机源于莫顿·杰尔文因撰写博士论文的需要，只身前往赞比亚统计局调查数据。他到现场一看，对赞比亚当局草率的工作态度极为震惊，怀揣着他们究竟是如何进行数据统计的疑问开始了相关调查。他主要以撒哈拉以南非洲国家的国内生产总值为研究对象，对国内生产总值统计口径进行了重新计算，验证了原始数据的不可靠性。

谈到统计数据的不可靠性，在日本也有类似的案例。2019 年发生了一起篡改"每月劳动统计❶"数据的案件，而撒哈拉以南非洲国家的统计数字的离谱程度，要远远高于日本政府数

---

❶ 日本厚生劳动省编制的可掌握工资和劳动时间动向的"每月劳动统计"数据出现了异常，而日本国民的失业保险、工伤险等均需依照"每月劳动统计"数据计算。这一事件导致约 1973 万人的补贴没有按足额发放，涉事金额达 537.5 亿日元。——译者注

据造假事件。例如，尼日利亚自称其人口约为 2 亿（据 2018 年世界银行的调查数据显示，其人口为 1 亿 9587 万人），并号称是世界上人口第七多的国家。而莫顿·杰尔文的调查结果显示，尼日利亚的人口普查存在很大的水分，如在殖民时期，为了逃避征税，地方政府会故意少登记人口信息，以至于数据值偏小。国家独立后，为了获得更多的政策财政支持、在选举中增加候选议员名额，地方政府又会虚增人口数量，因此无论在哪种情况下，都不能如实地反映真实情况。

为了让人口数量看起来像 2 亿，就必须伪造一部分数据，而这部分数据被伪造后，为了让整体数据看起来合理，又必须继续修改其他数据，长此以往，必然会陷入恶性循环中。因此，莫顿·杰尔文认为"统计数据不是绝对可靠的，而是包含了大量政治妥协，以及恣意修改的，其准确性有待商榷的数据"。

我们再回到开头提出的问题：你认为世界上绝大多数人生活在什么地方？答案是基于世界银行所收集的数据信息，所以它们是真实的。

因为数据是世界银行公布的，所以可靠，再也没有比这更荒唐的理由了。既然我们不能确定所有数据都是真实的，那么这些数据所描述的结果也未必真实，如果我们想采纳它们作为相关的统计数据的话，就必须采取相应的手段来验证它们的真伪。

在这里，我并不想指责《事实》的作者没有去验证数据的真伪，我只是担忧，在没有验证数据真伪的情况下，单方面教育人们"大家的看法是错误的"，这样的行为是否隐患重重。

顺便提一下，比尔·盖茨和美国前总统贝拉克·奥巴马也曾这样推荐过《事实》这本书。

> 这是我读过的最重要的书之一，是清晰思考这个世界不可或缺的指南。
>
> ——比尔·盖茨（微软公司创始人）
>
> 汉斯·罗斯林是一位杰出的国际公共卫生专家，他的《事实》是一本充满希望的书，讲述了当人类依据事实而不是固有偏见时，将会有巨大的进步潜能。
>
> ——贝拉克·奥巴马（美国前总统）

2018 年，作为毕业贺礼，比尔·盖茨给所有从美国大学毕业的优秀学子赠送了《事实》。除此之外，他对《统计学上的谎言：非洲开发统计数据中隐藏的事实》这本书也印象深刻，认为该书是他 2013 年读过的最好的书之一。

比尔·盖茨曾这样介绍过《统计学上的谎言：非洲开发统计数据中隐藏的事实》这本书：自己在参加慈善活动时，必须考虑如何分配有限的资源，而人均国内生产总值是最关键的指导因素之一，读了这本书，他才意识到，有些数据也许并不准确。

比尔·盖茨同时推荐了《事实》和《统计学上的谎言：

非洲开发统计数据中隐藏的事实》这两本书，这貌似是一个有趣的巧合，但聪明如他，我认为他不会相信《事实》中所提到的全部数据都是事实。

在《统计学上的谎言：非洲开发统计数据中隐藏的事实》大受欢迎后，比尔·盖茨曾表示："我们需要投入更多的努力，来确保国内生产总值数值正确。"这一事实也清楚地表明，他能准确地认清事实。

如何让数据更影响权威

加纳的统计数据为何缺乏准确性？也许有读者会猜测是因为该国家缺乏对统计数据的理解呢？或是因为缺乏对统计数据的合理预估？还是制定的政策不像发达国家那样科学……也许大家可以想象出非常多的理由，但真正的理由只有一个，那就是为了方便统治者。

将加纳伪造成中等收入国家的可疑数据，对加纳的统治者来说是十分便利的。他们可以以此为借口推脱本应进行的扶贫工作。此外，被错误地认定为中等收入国家，也有可能被排除出比尔·盖茨等人组织的慈善活动的帮扶对象之外。比尔·盖茨本人就曾表示他们的慈善活动会根据国家的国内生产总值，来分配援助资金，所以虚高的国内生产总值数值很有可能导致这些国家丧失被援助的资格。

书名为《事实》的暗示性，以及该书在世界范围内备受追捧的事实，再加上"纯粹接触效应"的影响，很容易让我们相信书中的数据一定是正确的。

"数据科学"也可以叫作"统计学"，广义上也可以理解为大数据。笔者作为一名专门研究统计学的研究员，也许是受专业影响，经常下意识地认为"当代的人们可以基于正确的数据做出正确的决断"。而事实上，人类并不是那么善于认清事实。

随着理查德·赛勒（Richard Thaler）荣获 2017 年诺贝尔经济学奖，行为经济学开始引起人们关注。行为经济学与以往的传统经济学不同，它是基于人们的认知偏差而形成的经济学，如"人们会在某些时候或某些场合做出非理性的决定"或"人们会无意识地扭曲自己的记忆或思想"。

关于这一点，本书同样做了大量的解释说明。那些认为只要收集到相关数据就一定能得出正确结论的想法，极易将人们引入歧途，能够做出正确决定的最低要求就是在怀疑数据真实性的基础上，边推论边得出正确结论。

虽然《事实》在世人间煽动起一股狂热的追捧潮流，但并不意味着书中的所有数据都准确，书中所有的结论都正确。事实上，人们在一定程度上能够理解自己的判断具有不确定性，所以人们也不会过度追求那些一定是正确的东西。大部分人只想阅读那些已经被证实了的信息，至于验证真伪的工作，就交给别人来做吧。人们只想知道那个人说的肯定没错,那本书里的内容肯定没有问题。

尽管如此,笔者认为人们并不是愚昧无知的傻瓜,而是充满智慧的生物。自始至终,人们都没有放弃对细致观察、正确判断的追求。而只有放弃这一点时,人类才会陷入真正意义上的无知境地。然而,从营造热门产品的手法上看,对个体消费者宣传所谓的数据权威是非常有效果的。现实生活中,已经有不少热门产品就是利用了这一点进行宣传。

原本统计学家对《事实》这本书中收录的数据应该有更多的批评,但看到它在日本的销售量突破 50 万册的数据,《事实》的可信度似乎变得更高了。如果你认为"不可能,那么成功的书里不可能有错误",这正是认知偏见的表现形式之一。

"金钱和生命"始终在天平的两侧

新冠疫情带来的狂热情绪

随着新冠疫情的暴发，一些国家的入境游客数量降到历史最低，街道上行人的数量也在急剧减少，以旅游业为首，餐饮业、零售业等也受到不小的打击，新冠疫情对各国经济都造成了不小的损失。

日本《商业观察家调查》随机采访了约 2000 名从事敏感职业的人群，调查对象是在百货公司、超市、便利店工作的零售行业人员，娱乐行业人员或出租车司机等，调查结果显示，受 2019 年 9 月消费税上调的影响以及新冠疫情的双重打击，日本整体经济的表现持续低迷。普通居民对经济现状的判断情况见表 6-3，有超过七成的人认为"经济状况正在恶化"。

表6-3　日本普通居民对经济现状的预判（2019 年 12 月至 2020 年 2 月）

年份	月份	正在变好 /%	有稍许变好 /%	没有变化 /%	有稍许恶化 /%	正在恶化 /%
2019	12	1.0	11.4	45.9	32.9	8.9

续表

年份	月份	正在变好 /%	有稍许变好 /%	没有变化 /%	有稍许恶化 /%	正在恶化 /%
2020	1	1.0	11.0	46.5	32.7	8.9
	2	0.9	6.1	25.0	37.9	30.1

2019 年 12 月 30 日，日经股指的收盘价为 23636 日元，创下了自 1990 年以来的 29 年中的最高水平，然而，仅仅过了三个月，到了 2020 年 3 月，收盘价就跌至 16552 日元，其间相差了 7000 多日元。

纽约股市也同样持续下跌。美国时任总统特朗普在 2017 年 1 月 20 日宣誓就任时，道琼斯指数的收盘价为 19173.98 美元，到 3 月 20 日有所下降。人们普遍猜测，这可能是"特朗普市场效应"的终结，该效应自特朗普总统上台以来，就一直存在。

为什么媒体总易受到抨击

世界卫生组织的事务局局长曾公开号召大家："我们现在要做的是检查、检查、再检查。只要有一例可疑病例，就要进行全面检查。"但在实际的操作中，人们貌似只检查那些与感染者有过接触并出现症状的人，而对于某个有发烧、咳嗽等症状的人，往往只被当作普通感冒处理，对其进行核酸检测的情况较少。

虽然一些国家，如中国，采取了全员核酸检测措施，然而在日本，核酸检测只限于特定有需要的人群。在日本，核酸检测只能在医院或医疗机构进行，大面积推广中国的检测方法十分困难。

日本并没有扩大核酸检测的范围，日本防止新冠疫情大规模传播的方法是首先唤醒所有公民的预防意识，彻底切断大规模感染（集团感染）的路径，并对所有与感染者有过接触的人进行核酸检测，这是在笔者的印象中日本所采取的举措。

要确定哪种对策更合适并不容易，因为这取决于诸多因素，如一个国家的医疗卫生体系、民众的卫生意识，以及国家的经济状况等。但在网上，支持不同做法的人之间进行了激烈的论战，双方都在不断重复一件事，即找到与自己观点相反的意见，并不断对反对方提出批评意见。

其中，大众媒体身处批判的风口浪尖，任何不符合自己观点的新闻被报道后，互联网上都会立即掀起一场批判的狂风暴雨。这种认知偏见被称为"敌意媒介效果"（hostile media effect）。

敌意媒介效果

含义	它指人们往往容易认为媒体报道总是偏向于与自己观点相反的观点。许多人认为媒体操纵了公众舆论，或许多人对媒体持怀疑态度，然而事实上，大众媒体并没有多少实际影响力。
具体事例	执政党的支持者可能觉得某些新闻是"亲在野党的"，而在野党的支持者则可能觉得这些报道是"亲执政党的"。执政党的支持者和在野党的支持者都希望"新闻报道能更加公正、公平"，那么问题来了，究竟是对谁的公平和公正呢？

社交网站也传播了许多谣言。曾经有谣言说"卫生纸马上会被抢光"，一时间焦虑的消费者涌入药店或商店，将所有卫生纸买了个精光，给人们的正常生活带来了极大的影响。后经调查，散布谣言的始作俑者是某集团的员工，该集团被迫向民众道歉。然而，被视为是谣言开端的网帖却几乎没有被转帖，所以根本不清楚始作俑者的这个帖子是否真是谣言的开端。

而在笔者看来，真实的情况应该是"传言说卫生纸或纸巾马上就会被卖光，人们认为这完全是无稽之谈"。在人们刚认清谣言的真面目，并口耳相传提醒亲友不要上当的时候，大众媒体为了蹭热度，故意忽视人们已认清谣言真面目的事实，转而强调谣言本身："请大家注意，有一个谣言正在四处传播。"于是这则谣言马上在全日本范围内引发了骚动。

为什么大家对谣言如此敏感呢？这是因为人们普通都有这样的一种心理：决不允许任何人从谣言中获利。这一认知倾向被称为"零和博弈"（zero-sum heuristic）。

零和博弈

含义	竞争中的"利益总量一定"，因此，一方的收益必然意味着另一方的损失。当然，能使利益总量增加最好，但在利益总量不变的大多数情况下，一旦涉及自己没有参与的领域，"自己不想吃亏"的愿望似乎会变得更加强烈，因此也不愿意让对方获益。
具体事例	1990 年至 2000 年，"批评官僚主义"在日本盛行，因为人们普遍认为高层官员获利就意味着普通民众将遭受损失，于是人们联合起来抵制官员们的高薪政策。最终的结果是，公务员被视为既辛苦又低薪的职业，想考公务员的人数急速下降。而又因为愿意处理国家事务的人才急剧减少，最终导致全体民众的利益受损。

新冠疫情会是下一个商机吗

一部分人已经开始预测战胜新冠疫情后的世界，并将其称为"后疫情时代"。当然也有些人认为，我们将会与新冠疫情长期共存，"疫情常态化"将成为未来生活的常态。

人们只有在给某个事物起名时，才开始认识这个事物的本质特征。然而，无论是"后疫情时代"的说法也好，还是"疫情常态化"的说法也好，总给人一种老一套营销手段的感觉。

为什么这么说呢？因为这些说法往往出现在某些商业推广话术中，如"后疫情时代绝对离不开线上办公或是远程办公""疫情常态化将会把不努力工作的员工暴露出来""后疫情时代是一个重视个人成长的时代""疫情常态化时代需要我们的工作方式更加灵活"等。毫无疑问，这些说辞中的商业企图显而易见。

毫不客气地说，有些人甚至正试图出版以"后疫情时代""疫情常态化"为主题的图书。换言之，当医护人员、政府官员正在拼命阻止新冠疫情传播的时候，有一部分人已经开始盘算生财之道了。

这样说，也许有读者会认为笔者对这种人持批评态度，但事实上，笔者的看法恰恰相反。在笔者看来，正是因为考虑到未来商业的发展趋势，有些人才创造出了"后疫情时代""疫情常态化"这样的词语，这样的人确实有才，在全世界因病毒陷入恐慌的时候，他们却能冷静地思考如何赚到更多钱，这样的商业意识着实令人敬佩。

人类往往有一种无视成本，追求"零风险"的极端倾向，但人们对生命与金钱这两种矛盾事物的顽强追求着实令我深感佩服。

由新冠疫情引起的恐慌而非狂热的现状，赤裸裸地暴露了人性的双重性，种族主义者以"拯救生命"为由，冠冕堂皇地将种族歧视正当化，打着"防止谣言传播"的幌子到处散播谣言，这样的行为比比皆是。这就是为什么我们不应该只根据理论或利益得失来做出判断。

人类的行动基于两点：预估与情感。新冠疫情的肆虐正好将人性的本质暴露了出来。

结　语

首先感谢您阅读本书。然后，请允许笔者分享一下本书中的主要观点。

本书试图利用营销理论、行为经济学理论、数据科学理论，来破译隐藏在热门商品、事件或人物背后的邪恶欲望。本书最想告诉各位读者这样一个事实，虽然人们常常认为"恶＝坏事或不可饶恕的事"，但邪恶总是潜伏在人们的心中，如果我们不承认人内心的邪恶，就无法理解人性。

人们对"恶"的定义大不相同，大多都是告诫人们要克服心中的恶念。为此，制定了必不可少的戒律，这恰恰证明如果不采取强制手段，人们就会爱上"恶"。这就是"恶"的魅力，它能激发人们的狂热情绪。

笔者主要从事市场营销领域的工作，重点是洞察营销，即通过各种方法破译人们的无意识需求，从而寻找新的商机。正如绪论中所提到的，即使在问卷调查或访谈中，消费者明确表示"想吃沙拉"，他们的真正需求也有可能隐藏在其他地方。正是因为需要破译消费者的隐藏需求，笔者才开始关注"人性具有善恶两面性"。

笔者意识到，烦恼与克服苦恼的修行相对应，就意味着恶与善如同硬币的两面，密不可分。日本每日新闻出版社的名古屋先生听了笔者的想法，建议说："你把自己的想法系统整理一下，出版一本书吧。"于是，我开始了本书的写作。

古人真的很伟大，他们将人类的心理系统化，并将其分为两大类，即善与恶，将所有的心理涵盖其中，这不是一件简单的工作。烦恼是能够破坏我们身体和心灵健康的"邪恶之物"，因此我们要努力克服它；烦恼又是每个人都会有的东西，如果不能不断地抵御侵蚀，我们就很容易被烦恼腐蚀。换言之，虽然人们的心中都有恶念，但仍然不能作恶。

笔者发现这个观点与洞察营销是在人性具有两面性的前提下才成立的营销术，竟出奇地相似。由此，笔者得出的结论是，既然人的本性中一半是"恶"，那么人们一定热衷于能够激发人性"恶"的事物，即人们狂热地想成为"邪魔"。

那么，与其用好听的理论告诫人们该怎样做，还不如通过正视人类固有的"恶"性，更容易地创造出热门产品。我是带着这样的想法开始撰写本书的。

因为我们并不具备绝对正确的判断力，以至于我们甚至不能分辨出，"强迫他人克制"其实就是"恶"。事实是这样，人类是有道德感的，同时也是不健全的；人类是具有协调性，同时又是容易受到干扰的。人并不是简单的，而是充满矛盾的。如果你不能容忍这种矛盾，希望一切都能尽善尽美，那恳请你认真阅读一下本书。

最后，我想感谢日本每日新闻出版社的名古屋先生，他为本书的写作提供了诸多帮助，他也给了我许多合理建议。

参考文献

◎『経済学の使い方』(大竹文雄 著)

◎『世界は感情で動く』(マッテオ・モッテルリーニ 著)

◎『実践行動経済学』(リチャード・セイラー他 著)

◎『エッセンシャル版行動経済学』(ミシェル・バデリー)

◎『ファスト＆スロー』(ダニエル・カーネマン)

◎『思考のトラップ』(デイヴィッド・マクレイニー)

◎『心理学の神話をめぐって』(日本心理学会 監修)

◎『「欲しいの本質」』『ほんとうの要求は、ほとんど無自覚』(大松孝
  弘、波填浩之)

经济类通识系列